WENZEL STORCH

DIE FILME

Gefördert durch den KUNSTFONDS e.V. mit Mitteln der VG BILD-KUNST

STIFTUNG**KUNSTFONDS**

Die Texte in diesem Buch entstanden aus Gesprächen mit:
Martin Büsser: Im Beichtstuhl des Grauens. In: testcard 18: Regress. Mainz 2009.
André Gröger/Ruwen Kopp: Topfit zur Frühschicht. In: Ausgetrunken. Mikrokosmos Trinkhalle.
 Diplomarbeit. Mainz 2009.
Rasmus Engler: »Man dachte eben: wird schon werden«. In: Jörn Morisse/Rasmus Engler
 (Hg.): Wovon lebst du eigentlich? Vom Überleben in prekären Zeiten. München 2007.
Frank Schäfer: Schwellkörper, Muttis und das Beste von Karl May. In: Zeit Online, 20.5.2009.
Ders.: »Adorno wäre zu schwer«. In: junge Welt, 8.7.2009.
Erik Stein: »Ich bin überhaupt kein Freund der Wirklichkeit.« In: Netzer 1, 2005.
Klaus Hammerlindl: Sitzfußball und Gruppensex. In: Sommer der Liebe (DVD). Berlin 2011.
Simone Unger: Zwischen Geisterbahn und Klapsmühle. In: Lit08. Drogen & Rausch.
 Hildesheim 2008.
Radek Krolczyk: »Der Papst schmeißt hin und alle finden's toll«. In: Jungle World 10, 2013.
Harald Mühlbeyer: Von Kotze und Leckebusch. In: Harald Mühlbeyer/Bernd Zywietz (Hg):
 Ansichtssache – Zum aktuellen deutschen Film. Marburg 2013.
Heiko Hanel: Heiko Hanel im Gespräch mit Wenzel Storch. In: Das Manifest, 18.11.2011.
Kathrin Reulecke: Sweet als Indianer. In: Stuck 1, 1995.
Martin Riemann: »Eucharistie ist Verkehr mit einer Leiche«. In: Jungle World 39, 2009.
Calin Kruse: Wenzel Storch. Interview. In: dienacht 6, 2009.
Petra Gärtner, Ralf Hedwig, Christian Keßler, Hagen Weiss: Hey Wenzel! In: Absurd 3000 2,
 2000.
DÄFC (Die Ärzte Fanclub): Altes Arschloch Liebe – das Video. In: Boulevard Bela. Online-
 Prawda, 2.10.2009.

Bibliografische Information Der Deutschen Bibliothek
Die Deutsche Bibliothek verzeichnet diese Publikation in der
Nationalbibliografie; detaillierte bibliografische Daten sind im Internet
über https://portal.dnb.de/ abrufbar.

ISBN 978-3-927795-65-5

Coverfoto: Martin Mühlhoff
Gestaltung: Tanja Wesse
Druck: Grafische Werkstatt von 1980 GmbH | Kassel

INHALT

IM
REICH
DER
KURZEN
LEDERHOSE

IM REICH DER KURZEN LEDERHOSE

Die katholische Kindheit hat einen maßgeblichen Einfluß auf deine Filme, vor allem auf den Erstling *Der Glanz dieser Tage* gehabt. Im Bonusmaterial zur DVD sprichst du zum Beispiel von einem Onkel, der als Missionar in Afrika tätig war und euch regelmäßig besuchen kam. Hast du diese streng religiöse Obhut schon als Kind als Belastung empfunden?

Wenn man klein ist, ist das ja alles normal. Daß zu Hause die Zimmer bis unters Dach mit Kruzifixen und [1] Heiligenbildern zugeballert sind, ist nichts besonderes, weil du es gar nicht anders kennst. Aber ab einem gewissen Alter stellt man fest, daß das Ganze in Arbeit auszuarten beginnt.

Es fängt ganz harmlos an. Erst schicken sie dich einmal die Woche in den Kindergottesdienst. Dann wirst du zusätzlich am Sonntag zum Hochamt mitgeschleppt. In der Fastenzeit mußt du plötzlich zur Kreuzwegandacht, immer wieder freitags die vierzehn Leidensstationen runterbeten. Kaum schlagen die Bäume aus, wirst du in die Maiandachten gescheucht. Dann diese Karfreitags-, Palmsonntags- und Fronleichnamsprozessionen! Immer hinter dieser Hostie hermarschieren, [2,3] da war man als Kind heilfroh, wenn das »Te Deum« endlich vorbei war …

Dann natürlich alle paar Wochen ab zur Beichte! Dazwischen die ganzen Hausandachten. Und außerdem mußte man ja auch noch zum Flötenunterricht. Und als ich meinen ersten eigenen Rosenkranz bekam, feierlich vom Vater in einem knallroten Etui überreicht, ging das Tamtam erst richtig los. Da freust du dich richtig, wenn nach dreißig »Ave Marias« mal Schluß ist und du endlich wieder zurück an deine Schularbeiten darfst.

Alles dreht sich immer nur um das eine: glauben, glauben, glauben. Und ich weiß gar nicht, als Kind werde ich wohl alles, was so anfiel, geglaubt haben. Erst als ich zur heiligen Kommunion kam, so mit sieben oder acht, fing ich langsam an, mit dem Glauben zu hadern oder, wie man so schön sagt, zu ringen. Ausgerechnet jetzt hieß es natürlich: Das Kind muß Meßdiener werden!

Ursprünglich sollte ich sogar Priester werden, jedenfalls war das ein Traum meiner Eltern. Es gab da einen Onkel, der war Missionar in Kamerun. Das Priesterblut lag also in der Familie. Einmal im Jahr kam Onkel Josef uns besuchen, ist dann aber sehr früh verstorben. Der sah ein bißchen aus wie Frankenstein und auch ein bißchen wie einer, der das Wort Gottes mit der Faust verbreitet.

Er hatte immer einen Sack Abenteuerliteratur aus der Mission dabei. Darunter tolle Kriminalromane, die sich um den berühmten Detektiv Fritz Falke drehten. Eines Tages hängt Fritz Falke seinen Anzug in den Schrank, um Missionar in Afrika zu werden. Fortan schnüffelt er

7

in seiner Mönchskutte – er heißt jetzt Bruder Justus – im Busch herum. »Der Detektiv im Kloster«, »Im Banne der Ngil«, »Esther Waterson's Fluch« – ich habe die Bücher nur so verschlungen, obwohl sie sehr schwer zu lesen waren, denn das war alles noch in Frakturschrift. In einem dieser Schinken habe ich auch zum erstenmal die »Handschrift eines Negerbriefes« zu Gesicht bekommen, in »2/3 natürlicher Größe«. 14

In der Stube gab es einen großen Bücherschrank, aber gelesen wurde bei uns – außer in den zehn katholischen Blättern, die mein Vater abonniert hatte – eigentlich nie. Dort, im Stubenschrank, stand nicht besonders viel drin, eigentlich nur »Brehms Tierleben« und ein paar von den üblichen katholischen Schmökern. So Zeug wie Graham Greene oder Josef Reding, oder mal 'ne Luise Rinser. Das galt als schöne Literatur, stand aber nur im Schrank, weil's irgendwie katholisch war. Und zwischen diesen Scharteken standen die rasend spannenden Krimis vom Bruder Justus. 15, 16

Die Dampfwalze Gottes
Eine autobiographische Reise in die Lektürewelt eines Meßdieners

Es ist schwierig, richtig auf die Kanzel zu hauen.
Oma Walton in »John-Boys Sonntagspredigt«

»Als Leser, dem die ›FAZ‹ und die ›Bildzeitung‹ genug sind und bei Gott mehr als das, glaubt man nicht, was es darüber hinaus noch gibt. Bis ein

1 Speckpater-Studie, Winter 1984.

2 »Stadt Gottes«, November 1933.

8

besorgter Mitmensch einem Mitteilung macht von den Veröffentlichungen eines Vereins, der sich Kirche in Not/Ostpriesterhilfe Deutschland e.V. nennt …« So stand's im Januar in »Gremlizas Express«.

1 Die Verblüffung war ganz meinerseits: Ostpriesterhilfe! Die Dampfwalze Gottes! Der Speckpater! Mit einem Mal war alles wieder da. Auch die kleine Liste fiel mir wieder ein, die ich vor Jahren mal – nur so aus Scheiß – aus der Erinnerung zusammengekritzelt hatte. Die kleine Liste mit all den Wochen-, Monats- und Zweimonatszeitschriften, die in den siebziger Jahren bei uns zu Hause gelesen wurden. Und die alle, wie ich erfreut feststellen konnte, als ich die Liste wieder hervorkramte und mir aus nostalgischen Gründen ein paar Probehefte bestellen wollte, heute noch erscheinen.

2 Neben dem »Echo der Liebe«, dem Zentralorgan der Ostpriesterhilfe, waren das: »Stadt Gottes« (die Zeitschrift der Steyler Mission), »Der Weinberg« (die Monatszeitschrift der Hünfelder Oblaten), »Missio aktuell«, das »Bonifatiusblatt« und natürlich das »Liboriusblatt«, »die große Wochenzeitung für die katholische Familie«. Nicht zu vergessen die knallbunten Pallottiner-Periodika »Pallottis Werk« und »Das Zeichen«. Wobei ich »Das Zeichen«, eine sakral-psychedelische Zeitschrift, deren Chefredakteur der als »Gitarrist Gottes« bekannte Pater Perne war, selbst jahrelang auf Befehl meiner Eltern in der Nachbarschaft austragen durfte. Hinzu kamen noch »Weltbild« und die »KiZ«, die »Kirchenzeitung für das Bistum Hildesheim«, sowie das Umsonstmagazin »Die Sternsinger«.

3 Mit all dem Quatsch bin ich groß geworden, auch wenn ich als Kind natürlich lieber »praline«, »Wochenend«, »Feigenblatt«, »sexy«, »Schlüsselloch« oder die »St. Pauli-Nachrichten« gelesen hätte. Als Zuflucht vor dem

4 spirituellen Overkill blieb immerhin »Petzi«, die große weite Welt von Petzi, Pelle, Pingo und Seebär. Dort hatte man Ruhe vor den Karmeliterinnen und Ursulinen und ihren Problemen. Dort wurde nicht gefleht und gebetet. Dort wurde Pfannkuchen gegessen und Gulasch gekocht.

5, 6 Und dort lebte das Bumstier, das heute leider längst das Klopfschwein ist. (Apropos Klopfschwein: Während allenthalben historisch-kritische

4 Der kleine Wenzel beim »Petzi«-Studium.

3

5
– Das ist Petzi, Vati. Er möchte mit dem Bums-Tier sprechen, damit es nicht mehr bumst.

6
– Endlich hab ich dich, Petzi! So, jetzt wird aber gebumst! Ich bumse nämlich gern.

9

Gesamtausgaben – demnäch 36 Bände Christoph Martin Wieland – wie Pilze aus dem Boden schießen, läßt eine sorgfältige »Petzi«-Edition noch immer auf sich warten.)

Oje. Fast hätte ich über Petzi »Leuchtfeuer Ministrant« vergessen. Inzwischen war ich dank einiger Kopfnüsse meines Vaters längst Meßdiener und verbrachte einen Teil meiner kargen Freizeit – man mußte nach den Schularbeiten ja auch noch Rasen mähen, Geschirr abtrocknen und Straße fegen – am »Tisch des Herrn«. »Leuchtfeuer Ministrant« war 7, 8 *unsere* Zeitschrift, ein dünnes vierfarbiges Heftchen, das zum Mitnehmen in der Sakristei auslag – so etwas wie das »Happy Weekend« der Ministrantenszene. Hier lernte man Gleichgesinnte kennen und konnte sich zu religiösen Spielen verabreden.

Hier erfuhren wir »Minis«, wie wir Ministranten von der Redaktionsleitung genannt wurden, das Neueste über ungewohnte Praktiken des Glaubens, frische Gebete und was sonst so los war im Meßdienermilieu. Dazu Rätsel und Witze. In der Mitte gab es sogar ein kleines Poster. Hier 9 waren nicht etwa Brian Conolly von Sweet oder Noddy Holder von Slade zu finden, sondern Schnappschüsse von Usambaraveilchen, Eichkätzchen und Kruzifixen im Gegenlicht: Motive, die sich im Kinderzimmer über dem Weihwasserbecken prima machten.

Was ist schon Suzi Quatro gegen die Muttergottes, mochten sich die Redakteure gedacht haben, und so gab es immer wieder üppige Fotostrecken, auf denen die »Mugo«, wie wir die Muttergottes heimlich nannten, zu sehen war. Die Mugo war meist aus Holz, nicht selten auch mund- und fußgemalt. In puncto Verlockung allerdings kein Vergleich zu den Jungfrauen und Madonnen, die einen aus dem Quelle- und Necker- 10 mann-Katalog anlachten.

Auszug aus »Der Bulldozer Gottes«. Ventil, Mainz 2009. Zuerst erschienen in »konkret« 11-12/2007.

7

Mini-Schar aus der Schweiz sucht Kontakt

10

8

9

„Wenn ich nur wüßte, was den Blumen fehlt." – „Hast du es schon mal mit Wasser versucht?"

Und noch etwas befand sich im Schrank, ein großes Straußenei, das Onkel Josef aus Afrika mitgebracht hatte. Oben auf dem Ei saß wie zur Krönung eine perlenbestickte Negermütze. Das war natürlich ein toller Anblick für uns Kinder. Es war genau der Stubenschrank, vor dem wir immer zum Abendgebet niederknien mußten. Oben auf dem Schrank stand die Muttergottes mit der Kerze, und durch die geriffelte Glasscheibe konntest du auf die Bücher sehen. Das Abendgebet dauerte in der Regel – mit all den Fürbitten für die Brüder und Schwestern in der Ostzone – um die sechs, sieben Minuten. Und die Blicke wanderten natürlich immer wieder zu diesem Straußenei.

Der Onkel aus der Mission, das war so etwas wie ein exotischer Farbtupfer im Leben. Wie eine Laterne, die in die eher triste Kinderwelt hineinblinkte. Das fand ich übrigens auch später noch an der katholischen Kirche immer gut: die Pracht, die herrlichen Gewänder, den Kerzenquatsch. Clever ausgedacht, finde ich. Durch den Weihrauchgestank und all den Schnickschnack fällt einem das Brutale und das Splattermäßige nicht so auf. Denn eigentlich fand ich das schon als Kind irgendwie komisch, daß man die ganze Zeit auf eine Leiche starrt. Eine Leiche mit langen Haaren ...

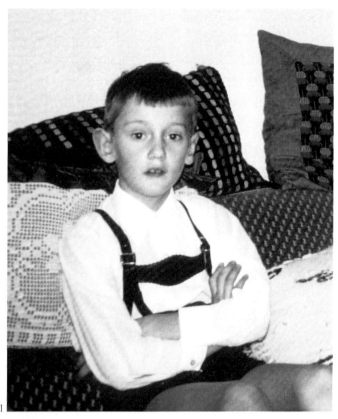

1 Im elterlichen Wohnzimmer.
2, 3 Bittprozession, siebziger Jahre.

P. b. b. Erscheinungsort Wien Verlagspostamt 1010 Wien

Es gibt kein Problem, das man mit dem Rosenkranz nicht lösen kann.

(Sr. Lucia v. Fatima)

Bitte lesen Sie dazu auf Seite 15

4

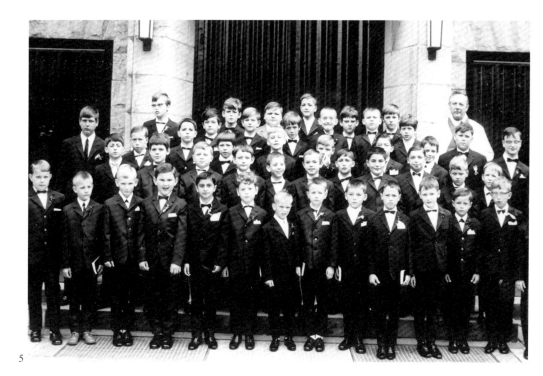

5 Wenzel Storch (11. v. l.) empfängt die erste heilige Kommunion.
6 Die Storch-Familie.

8 Pallottiner in Kamerun.
9 Glaubensbote im Heidenlande.

Groschenheft aus der Pallottinerdruckerei.

11

HERMANN SKOLASTER

Schwester Beata

12

Fröhlich winkt die Missionsschwester zum
Abschied. Sie freut sich auf die Negerkinder, denen sie vom Heiland erzählen will.

42

13

14

Handschrift eines Negerbriefes
(²/₃ natürl. Größe)

12   Braut Christi mit Wumme: Militanter Klosterroman von 1938.

15

16

17

»Wenn man gebetet hat, schmeckt einem auch das Essen besser.«
Hermann Skolaster

Noch dazu ein Toter, den man auf dem Höhepunkt der Feier aufessen soll. Diese Sache mit dem Leib Christi, den man sich auf die ausgestreckte Zunge legen läßt – irgendwann wurde das ja liberalisiert, und man durfte die Hände zu Hilfe nehmen –, diese sogenannte heilige Eucharistie: Das ist ja nicht nur der Höhepunkt der heiligen Messe, sondern auch gespielter Oralsex. Sex mit einem Unsichtbaren, Verkehr mit einer Leiche … Das fand ich schon als Kind irritierend und auch verlogen: Während man mit Pottschnitt vorm Altar kniet, hängt überm Opfertisch ein Toter mit langen Haaren. Und ausgerechnet dieser Langhaarige lädt einen zum »Gastmahl der Liebe« ein.

23   Naja, eines Tages sollte ich jedenfalls Meßdiener werden, wovor ich tierischen Bammel hatte. Wer will schon in Mädchenklamotten am Altar rumstehen? Aber damals ging das alles ratzfatz. Man wurde einfach zwangsrekrutiert. Eines Sonntagnachmittags erschien der Pfarrer und fragte scheinheilig, wann es denn soweit sei. Wann ich denn einrücken wolle? Als ich dem Priester leise drucksend zu verstehen gab, daß ich am liebsten gar kein Ministrant werden möchte, fiel mir mein Vater barsch ins Wort. Und nachdem der Priester wieder abgerauscht war, gab's erstmal welche hintendrauf. Denn für meine Eltern war mein Verhalten kränkend und blamabel.

Lange Zeit gab es in unserer Pfarrei zwei Seelsorger, einen Pfarrer und einen Dechanten. Deshalb wurden um Pfingsten immer lustige Sprüche vors Pfarrhaus gepinselt. »Vier Fäuste für ein Halleluja«, »Zwei Himmelhunde auf dem Weg zur Hölle«, »Die rechte und die linke Hand des Teufels«. Dieser steinalte Dechant hat zuletzt, kurz vor seinem Tode, nicht endenwollende, ausufernde Messen gefeiert. Der hatte eine Muskelschwäche in den Augenlidern. Dem sind die Lider einfach wie Jalousien runtergeklappt. Dann stand der im Dunkeln, und die Gemeinde mußte ausharren, bis er die Augen wieder aufschlug. Das ging so zehn-, zwanzig-, dreißigmal, und die Eucharistiefeiern dauerten natürlich entsprechend ewig.

Nachdem Gott den Dechanten abberufen hatte und auch der Pfarrer verschieden war, kam ein Priester aus Afrika angereist. Der brachte lauter afrikanischen Nippes mit, um in dem Schuppen hinterm Pfarrhaus eine Art Museum einzurichten. Den hat die Gemeinde vergöttert, bis er zwei, drei Jahre später über Nacht wieder abreisen mußte – wegen Meßdienerfickens, 24 wie man tuschelte. Auf einmal war der weg, wie vom Erdboden verschluckt, und übrig blieb nur das Museum und die verlassene Gemeinde.

Das Tollste war, daß der zu Advent immer drei echte Negerjungen einschiffen ließ. Die alten Frauen im

18

19

Sie freut sich, denn sie hat die Götter nicht erzürnt

Interessiert schielt dieses Mädchen nach einem jungen Burschen

Ein ängstlicher Blick: Hat sie sich
etwa gegen ein Tabu vergangen?

20

Auf seinen Felltrommeln schlägt er
den Rhythmus zum rituellen Tanz

21

Lächelnd erwartet dieses Mädchen
vor dem Holzstoß ihren Liebsten

22

18–22 Bilder aus der Mission.

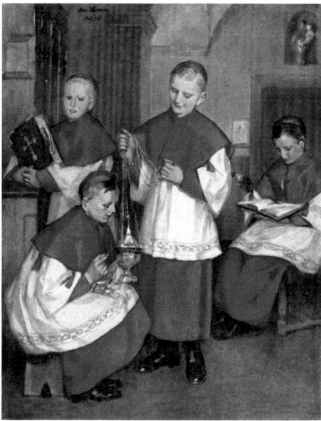

24

Seht den kleinen Sulei an:
wie man nur so schwarz sein kann!

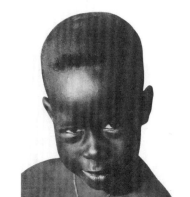

25

23 Meßdieneridyll aus »Als Ministrant zu Wasser und zu Land« von Donatus Pfannmüller.
25 Rassismus mit Herz: Bilderbuch »Sulei, der kleine Negerjunge« von Herbert und
Gerty Kaufmann.

26 »Stern«-Reportage aus dem Lande der Papuas.

28 Frank Peters im Tonbandröckchen.

Dorf, ich weiß das vor allem von meiner Urgroßtante und von meiner Oma, fanden das nicht so dolle, wenn die »Schwatten« – so hießen die Schwarzen in dem Platt, das in den Dörfern rund um Hildesheim gesprochen wird – die Fürbitten in ihrem Kauderwelsch vortrugen. Optisch kam das gut an, weil die Hautfarbe prächtig zu den roten Röcken paßt. Unsere Gemeinde kam dann sogar in die Zeitung, denn wir waren die einzigen im Bistum, die in den Sternsingergruppen echte Mohren hatten. Das waren, wie gesagt, drei Buben, so um die 15, 16 Jahre alt. Also konnten drei Trupps mit je einem echten Mohren losgeschickt werden. Daß die drei auch die Lustknaben unseres Pfarrers waren und – wer weiß? – vollgepumpt mit dem Sperma ihres Priesters am Altar herumstanden, das ahnte natürlich niemand.

25

In *Sommer der Liebe* gibt es ja eine entsprechend groteske Szene: Ein mit Schuhwichse angemalter »Schwarzer« spielt auf einer Lakritzgeige Stücke, deren Aufnahmen in Wirklichkeit von deinem Vater stammen. Kannst du etwas darüber erzählen, wie die Szene entstanden ist?

Die Figur stand schon im Drehbuch und hieß ursprünglich Swambo. Auslöser war ein Artikel im »stern«, wo

Globetrotter mit so einem komischen Genitalrohr abge-
bildet waren.

Das Rohr haben wir simuliert, indem wir dem Darsteller einen Rettich umgehängt haben, und sein Baströckchen haben wir aus alten Tonbändern hergestellt,
aus Restbeständen von Pissende-Kuh-Kassetten. Der
Typ, der das gespielt hat, Frank Peters, lag damals nach
einem schlimmen Asthmaanfall in einem Lungensana-
torium. Die Szene wurde sehr spät im Jahr gedreht, im
Oktober, auf der Wiese vorm Hildesheimer Gesund-
heitsamt. Wir haben ihn also in seiner Klinik abgeholt,
und da er keinen Ausgang hatte, ist er aus dem Fenster
gestiegen, also praktisch ausgebüchst. Dann haben wir
ihn braun angemalt, hatten allerdings überhaupt keine
Erfahrung und nicht dran gedacht, ihn vorher einzufetten.

Nach dem Dreh hat er erstmal die Dusche meines
Bruders ruiniert. Die war hinterher völlig verschmiert
und er selbst trotz rabiaten Schrubbens immer noch
hellbraun. So ging's dann zurück ins Sanatorium, und
als er dann wieder in seinem Klinikbett lag, konnte er
den Schwestern nur schwer erklären, was vorgefallen war.

Wir haben ja alle Szenen stumm auf Super 8 gedreht
und uns erst dann überlegt, wie wir das vertonen. Die
Geige, die der im Film spielt, ist eine kleine niedliche
Lakritzgeige. Einfach Laktritzschnecken als Saiten
auf ein Stück Holz gespannt. Fragt sich nur, wie diese

Saiten klingen sollten? Und da ist mir ziemlich schnell mein Vater eingefallen, denn der war ein begeisterter Hobbymusikant. 29–31

Wenn die Hildesheimer KAB – die Katholische 32 Arbeitnehmer-Bewegung, das ist so eine Art DGB der Katholiken – einen Ausflug in die Lüneburger Heide oder zum Bremer Roland unternommen hat, hat mein Vater immer mit der Quetschkommode hinterm Bus- 33 fahrer gesessen und Wanderlieder gespielt. Mein Vater konnte ziemlich gut Schifferklavier spielen, schon in jungen Jahren hat er – als begeisterter Heimatvertriebe- ner und Vollblutschlesier – bei Flüchtlingstreffen zum Tanz aufgespielt. Und irgendwann kam er auf die Idee, sich auf eigene Faust die Geigenkunst beizubringen. Was, wie sich zeigen sollte, wohl nicht so einfach ist.

Das Ergebnis war, daß er ab Weihnachten '74 oder '75 damit anfing, uns vor der Bescherung auf seiner Geige zu begleiten. Heiligabend war es für uns Kinder Brauch, das Christkind in seiner Krippe erstmal eine halbe oder dreiviertel Stunde lang anzuflöten, bevor 34 wir an den Gabentisch treten und die Geschenke aus- packen durften. Was mein Vater während dieser Zeit veranstaltete, war ein unglaubliches Gequietsche. Be- sonders waghalsige Verspieler lösten bei uns Kindern natürlich jedesmal ein schadenfrohes Grinsen aus, was, wenn der Vater es mitkriegte, unmittelbar mit einer Kopfnuß geahndet wurde. Plötzlich knallt dir, mitten in

»O du selige«, die Faust mit dem Geigenbogen vor den
Kopf … Eine fiese Sache, weil du dabei ja noch die
Blockflöte im Mund hast.

Wir wohnten im ersten Stock eines alten Bauern-
hauses, unter uns im Erdgeschoß lebte die Großmutter.
Die hatte immer schon Panik, wenn am Heiligabend
das Gequietsche lauter wurde. Denn dann war klar: Jetzt
stokelt der Vater geigend die steile Treppe hinunter, um
ihr ein Ständchen zu bringen. Vor dem Hintergrund
wußte ich: Das ist die passende Musik für die Filmszene.

Die hatten wir im Herbst '86 gedreht. Ich hatte seit
Jahren nichts mehr mit meinem Vater zu tun, das Ver-
hältnis war alles andere als ungetrübt, aber ich habe
dann einfach mit einem Kassettenrekorder in der Hand
bei meinen Eltern geklingelt und meinen Vater gefragt,
ob er mir mal was vorgeigen würde. Um keinen Verdacht zu erregen, habe ich ihm weisgemacht, daß ich
neuerdings auch nebenbei Musik mache, was auch
fast stimmte, denn zwei Jahre vorher war auf Pissende
Kuh Kassetten mal eine Kassette von mir erschienen –
»Hey Wenzel!«, in einer Auflage von 15 oder 20 Stück –,
und so habe ich ihm also irgendein Gepillere daraus
vorgespielt. Damit er sich nicht wundert, was ich mit
seinem Gequietsche eigentlich anfangen will. Er hat
auch keinen Verdacht geschöpft, aber meine Stiefmutter,
wie Mütter so sind, hat den Braten wohl gerochen,
konnte aber nix machen.

Während sie also mit bösen Blicken das Mittagessen gekocht hat, ist er mit mir rüber in die gute Stube – die mußte erst feierlich aufgeschlossen werden, denn die Woche über durfte sich niemand darin aufhalten – und hat mir eine ganze Kassettenseite vollgegeigt. Dabei sind ihm mehrere Saiten gerissen. Er hat einfach drauflosgeschrammelt, was ihm so eingefallen ist, von »Horch, was kommt von draußen rein?« bis zum »Jäger aus Kurpfalz«. Als er mit den Wanderliedern durch war, ging's mit Kirchenliedern weiter, dabei hat er »Lobe den Herren« regelrecht kaputtgegeigt. Es war phantastisch. Er hat auch eine ganz tolle »La Paloma«-Version gegeigt, die ist das Meisterstück auf der Kassette, das gehört eigentlich auf einen dieser Trikont-Sampler.

Wissen deine Eltern inzwischen von deiner Film-karriere?

Mein Vater hat *Sommer der Liebe* mal im Kino gesehen. Danach durfte über die Sache in seiner Gegenwart nie wieder gesprochen werden. Er hat dann auch den Kontakt zu mir abgebrochen, an dem aber ohnehin kaum noch was abzubrechen war. Zum Glück hat er den *Glanz dieser Tage* nie zu sehen gekriegt, das hätte ihn vermutlich echt geknickt. In *Sommer der Liebe* spielt Religion ja kaum mehr eine Rolle.

38

Andrerseits gab es aber auch Katholiken, die vom *Glanz dieser Tage* förmlich hingerissen waren. In Frankfurt zum Beispiel, der Stadt der Priesterseminare, kam mal nach einer Aufführung ein werdender Priester auf mich zu, um mir minutenlang die Hände zu schütteln. Der hat gestrahlt wie ein Honigkuchenpferd. Hat sich immer wieder für den Film bedankt, der hatte ihn offenbar in seinem Entschluß bestärkt, Priester zu werden. Der hat sich wahrscheinlich gedacht: Wenn das Priesterdasein so schön ist wie in *Der Glanz dieser Tage*, dann habe ich ja bald ein tolles Leben! Dann fliegen mir die gebratenen Hostien direkt in den Mund.

39

Ab einem gewissen Alter hast du dann ja Dinge wie Sexualität und Rockmusik entdeckt. Wie war diese Gegenwelt mit dem christlichen Elternhaus zu vereinbaren?

40, 41 »Sexualität entdeckt« ist gut. Das, was du Gegenwelt nennst, konnte nur auf dem Schulhof stattfinden, während der kleinen und großen Pausen und auf dem Weg nach Hause, den ich deshalb auch möglichst lange ausgedehnt habe. Bis zur siebten Klasse bin ich in Wolfsburg aufgewachsen, dort gab es ein Plattengeschäft, in dem ich mich so um 1972, ich war damals elf, ein- bis zweimal die Woche aufgehalten habe. Da

»Früher haben in den Kirchen ganze Orchester gespielt. Heute müssen viele Gemeinden billige Musiker aus der Dritten Welt einstellen. In jeder dritten Gemeinde geigt inzwischen ein Neger.«
Drehbuch *Der Glanz dieser Tage*

29 Begeisterter Heimatvertriebener: Papa Storch.
30 Flüchtlingstreffen in Hannover, Sommer 1949.
31 Hausmusik: Geißel der Kindheit.

32   Wenzel Storch mit Schwester und Mutter auf einem Ausflug der KAB.

33   Vater Storch mit Faschingsschnurrbart und Quetschkommode.

35

35 Weihnacht im Hause Storch.

36 »Hey Wenzel!«-Poster.
37 »Hey Wenzel!«-Cover, 1985.
38 Ein Jäger aus Kurpfalz. Bleistiftzeichnung, 1984.

konntest du dir auf Kopfhörer ganze Langspielplatten vorspielen lassen. Als Elfjähriger! Eigentlich ziemlich irre, denen war ja klar, daß ich nie was kaufen werde. Ich hab mir alles reingezogen, was einen als Kind so anspricht, und bin viel nach dem Cover gegangen. Die erste Juicy Lucy zum Beispiel, weil das Cover so versaut aussah. Oder diese Platte von der Plastic Ono Band, wo die da nackt auf der Hülle rumtanzen – sowas habe ich mir von vorne bis hinten angehört. 42

Zu der Zeit habe ich mir auch die entsprechende Fachliteratur besorgt, in Gestalt von »pop« und »Pop-foto«. Das waren bunte Postermagazine, wenn man in denen blätterte, gingen einem die Augen über, die mußte man unterm Bett oder sonstwo verstecken. Ich ging damals aufs Ratsgymnasium und muß drei oder vier Klassen unter Wolfgang Müller, dem großen Sohn der Stadt, gewesen sein. Ein Jahr später, mit zwölf, habe ich mir zum erstenmal ein »Sounds«-Heft gekauft, mit dem bin ich dann stolz auf dem Schulhof herumspaziert. Ich weiß noch, auf dem Cover war John McLaughlin drauf – den kannte ich natürlich nicht, und auch sonst habe ich kaum ein Wort verstanden. 43

Da das Taschengeld für »pop« und »Popfoto« nicht 44, 45 reichte, außer wenn einem die Oma mal wieder was zugesteckt hatte – ich weiß auch gar nicht mehr, wie das damals aussah mit Taschengeld: Ich glaube, ich habe 50 Pfennig in der Woche bekommen –, blieb nur das Klauen. Apropos klauen: In der Wolfsburger Sankt-Joseph-Gemeinde ist es mir mal gelungen, einen Zehnmarkschein aus dem Klingelbeutel zu fischen. Das hört sich vielleicht einfach an, war aber ganz schön aufregend. Mein größter Coup war dann im Herbst '72. Da hatte ich das Glück, alle »Asterix«-Hefte auf einmal klauen zu können – schwups, einfach vorne untern Anorak geschoben. Das Datum weiß ich so genau, weil gerade Band zwölf erschienen war, »Asterix bei den Olympischen Spielen«.

Ziemlich bald hatte ich einige Klauroutine, also habe ich immer öfter auch mal »pop« und »Popfoto« geklaut, und irgendwann hat mich so eine alte Schachtel dabei erwischt. Die hat den Kassierer gerufen und ich hab mir vor Schreck in die Hose gepißt. Ganz leise ist mir die Pisse das Hosenbein runtergelaufen, und ich stand da mit dem »Popfoto«-Heft in meiner eigenen Pisse. Ausgerechnet mit »Popfoto« mußten sie mich erwischen! Denn »Popfoto« war gar nicht mal so gut – da waren viel zu viel Schlagersänger drin, Leute wie Danyel Gérard oder Mouth & MacNeal. Naja, es hieß jedenfalls: Gleich kommt die Polizei, aber gnädigerweise wurde dann nur mein Vater angerufen.

Für den war das richtig bitter. Der hat uns ja sogar vor der Beichte die Beichtzettel diktiert. Da will dich einer fit machen fürs Paradies, und dann kommst du mit vollgepißten Hosen vom Klauen zurück …

Dein Vater hat dir also erklärt, was du zu beichten hattest, was deine Sünden waren?

Ja. Man mußte etwa alle drei Wochen zur Beichte. 47–50 Da mußte ich mich mit meinem Bruder an den Kinderzimmertisch setzen und den Beichtzettel schreiben. Dann kam irgendwann der Vater, hat sich den Zettel gegrapscht und hat einem die Sachen diktiert, die man vergessen oder unterschlagen hatte. Was sich eben so angesammelt hatte: Ich habe gelogen, die Eltern geärgert, bin frech gewesen, faul gewesen – der ganze Quatsch.

Irgendwann bist du in dem Alter, wo du eigentlich beichten müßtest, daß du unschamhaft gewesen bist: Unkeusches gedacht, angeschaut oder getan. Wobei getan – das war der absolute Supergau. So blöd war man natürlich nicht. Was für ein Risiko, das ausgerechnet einem Priester zu erzählen, der mit deinen Eltern unter einer Decke steckt! Bewußtes Verschweigen einer schweren Sünde macht die Beichte ungültig, genauso wie undeutliches Nuscheln, also wenn der Priester deine Sauereien nicht genau verstehen kann, und so beginnt man schon früh, jede Menge Schuld anzuhäufen.

Je höher der Schuldberg, desto heftiger wurde die Sehnsucht nach einer richtigen Matte. Eine Matte bis zum Arsch: das war *der* Traum! Die traurige Wirklichkeit hieß Pottschnitt, alle paar Wochen zum Frisör, und

51 auf meinem Schülerausweisfoto von 1972 sehe ich aus wie frisch dem »MAD«-Heft entsprungen. Dabei hieß mein erster wirklicher Gott – oder besser: mein erster Mattengott – Mark Farner! Der große Mark Farner von Grand Funk Railroad! Auf dem Schulhof kreiste damals das Gerücht, Grand Funk hätten umsonst auf dem Wolfsburger Marktplatz gespielt und alle Fensterscheiben des Rathauses wären dabei zerplatzt.

52 Wie der Heiland in den Kirchen, so hing Mark Farner damals an den Zimmerwänden. Wer Poster aufhängen durfte, der hatte auch todsicher Mark Farner an der Wand, ganz gleich, ob er Grand Funk Railroad gut fand oder nicht. Das war einfach der Inbegriff von Matte. Im Nachhinein fast albern, wo er auf dem Poster ja so eine Art Strampelanzug anhat, und so lang ist die Matte ja auch wieder nicht …

Das klingt so, als wäre diese Rockwelt etwas, mit dem du nur in der Phantasie in Berührung gekommen bist, also etwas, was es damals im Alltag noch gar nicht gegeben hat.

53 Nein, das nicht, Langhaarige gehörten natürlich auch zum Stadtbild. Aber das existierte eben nicht in der katholischen Enklave, in der ich aufgewachsen bin. Es gab ja auch keine Freunde, die einen besuchen durften. In der Beziehung hatte mein Vater einen Tick. Der

39

39 Glücklicher Priester.

① Reine gekämmte Baumwolle **2.75**

② Reine gekämmte Baumwolle **4.25**

③ Reine gekämmte Baumwolle **4.50**

40

41

42

Juicy Lucy

40 Vorfreude auf die erste heilige Menstruation.
41 Teenager nach dem Eisprung.

43

43 Porträt Keith Emerson. Mathematikheft, 6. Klasse.

44

45

46

46 »Mouth & MacNeal stehen positiv zum Leben, lachen über die Hasch- und Drogenwelt.«

dachte immer: Freunde? Die wollen einen nur bekungeln! Unter »bekungeln« verstand er sowas wie bescheißen. Die wollen einen nur bekungeln – das hab ich tausendmal gehört. Im Dunkeln ist gut munkeln, das war auch so ein Spruch. Ständig hieß es: Im Dunkeln ist gut munkeln … Aber das waren eben auch ganz andre und irgendwie dunklere Zeiten. Als unsre Familie ins Umland von Hildesheim gezogen ist, da wußte noch jeder im Dorf genau, wer evangelisch ist und wer nicht. Evangelische gab's zwei oder drei, und von den Ungläubigen gab es eine ganze Familie, die wohnte irgendwo am Dorfrand.

Aber eines Tages war es dann trotzdem so weit, der Dachboden wurde ausgebaut und ich bekam mein eigenes Zimmer. Das war zu der Zeit, als plötzlich alles erlaubt war, nach dem Tod meiner Mutter. Da sind meinem Vater kurzzeitig die Zügel entglitten, da hatte ich etwa ein Jahr lang richtig lange Haare. Im selben Jahr bin ich auch sitzengeblieben. Das muß 1975 gewesen sein. Zwei Jahre vorher war das »Rock-Lexikon« von Schmidt-Joos erschienen, und zur gleichen Zeit kam ein zweites Lexikon raus, das Ingeborg Schober, die große alte Dame der »Sounds«-Redaktion, getextet hatte. Das Ding hieß »Rock Dreams«, davon gab es so um die zehn Hefte zum Sammeln, und im Mittelteil waren immer diese irren Illustrationen von Guy

Peellaert drin. Musikerportraits in knalligen Farben, in so schwiemeliger Softsexästhetik: Charlie Watts in Naziuniform und solche Sachen.

Die Bilder, die ich am besten fand – Ian Anderson mit Lolly als böser Onkel auf der Parkbank oder John Fogerty, wie er im Kanu durch den Sumpf rudert – habe ich mir mit Uhu an die Dachschräge geklebt. Als der Vater ins Zimmer trat, war natürlich der Teufel los. Mit 13 oder 14 habe ich dann auch die erste Ton Steine Scherben in die Finger gekriegt, »Warum geht es mir so dreckig?« Und zwei Platten von Eulenspygel, das war Politrock, der mit einem Bein schon in der Welt der Harlekine stand. Die Platten gehörten einem im Dorf, der sie nicht mehr wiederhaben wollte, weil ich sie ihm zerkratzt hatte – also war ich im Besitz dieser unglaublich schlimmen Musik, die ich nur sehr leise 56–59 hören konnte, denn davon durften meine Eltern nichts wissen. Die eine Platte fing an mit den Worten »Im Namen des Volkes, halt die Schnauze!«, und mein Lieblingslied hatte den Refrain: »Kotzt dich das nicht a-ha-han?« Das besondere an Eulenspygel war, daß der Sänger so eine Art Wah-Wah-Gesang praktizierte: »Sei ein Narr und spi-hihi-hihiel …« In dem Stil ging das die ganze Zeit. Grausam.

Naja, und dann war da eben noch diese Platte mit der Zwille vorne drauf. Das Lied »Ich will nicht werden

was mein Alter ist« von Ton Steine Scherben war
natürlich der Hammer für mich! Da saß ich also nach
der Gartenarbeit – man mußte ja nachmittags meist
beim Umgraben helfen, oder beim Obstpflücken und
Holzhacken – auf meinem Knautschi, auf diesem Sitz-
sack, und habe Eulenspygel oder Ton Steine Scherben
gehört. Gern habe ich mir dabei meinen Vater vorgestellt, rücklings auf den Küchentisch geschnallt, wie er
sich windet, während er mit Politrock zugehämmert
wird. Ziemlich albern, aber so war's damals. An solchen
Bildern konnte ich mich stundenlang hochziehen.

Später hat mein Vater den Knautschi übrigens auf-
geschlitzt und die kleinen Styroporkugeln, die da zu
Tausenden drin waren, im Garten untergegraben.
Die Kugeln sehen ja aus wie Dünger. Also hat er den
Knautschi wie einen Düngersack überm Kartoffel-
beet ausgeschüttelt. Da ist dann jahrelang nix mehr
gewachsen.

Als klar wurde, daß ich ausziehen will, hat mein
Vater mich kurzerhand für verrückt erklärt. Da hat er
angefangen, Scheinanrufe in der Hildesheimer Irren-
anstalt zu tätigen. So getan, als ob er mich einweisen
läßt. »Du kommst zu Doktor Bach«, das war damals in
Hildesheim ein beliebter Spruch. Die Klapsmühle von
Doktor Bach kennt man auch aus dem Film »Der Tot-
macher«, wo Götz George immer wimmert: »Nein, ich
will nicht nach Hildesheim!«

Zu der Zeit, kurz vor meinem 18. Geburtstag, hat mein Papa dann nochmal richtig aufgedreht. Das muß im Februar oder März '79 gewesen sein, da hat er sich abends immer die Dachbodentreppe hochgeschlichen, geräuschlos meine Zimmertür geöffnet, und wie aus dem Nichts wehte plötzlich – wie im Gruselfilm – seine Stimme durchs Zimmer: »Junge, du bist krank …« Das hat er tagelang gemacht, immer im Flüsterton, und immer der gleiche Spruch, immer ganz traurig: »Junge, du bist krank … seelisch krank …« Richtig furchteinflößend! Aber das hat er natürlich alles nur aus Liebe gemacht. 60–62 Um mich zurück auf die richtige Seite zu ziehen.

Deine katholische Kindheit und Jugend scheint aber auch ästhetisch auf deine Filme abgefärbt zu haben, alle haben eine sehr sakrale Grundstimmung. Du arbeitest zwar viel mit Sperrmüllschrott, ordnest den aber so an, daß er etwas von diesem katholischen Kitsch ausstrahlt.

Das mag schon sein, aber das sind Dinge, über die ich selbst gar nicht nachdenke. Ich bin nun mal kein großer Freund der Wirklichkeit. Mit der Wirklichkeit muß ich zurechtkommen, wenn ich das Fenster aufklappe und auf die Straße gucke, das brauche ich nicht auch noch im Kino. Deshalb ist die erste Frage bei einem neuen Film immer: In welcher Welt soll das spielen? Daß das

Bußsakrament
1. Vorbereitung
2. Bekenntnis
3. Lossprechung
4. Buße tun

Bußsakrament
1. Vorbereitung
2. Bekenntnis
3. Lossprechung
4. Buße tun

Bußsakrament
1. Vorbereitung
2. Bekenntnis
3. Lossprechung
4. Buße tun

Bußsakrament
1. Vorbereitung
2. Bekenntnis
3. Lossprechung
4. Buße tun

47–50

51

47–50 »Sakramente Quartett«, Steyler Verlag.
51 Wenzel Storch mit elf.

47

»Farb-Super-Poster« aus »pop« 9/1972.

53 Innere Emigration: Der Filmemacher mit 13.
54 Ein Traum wird wahr: Das eigene Zimmer.
55 Als Achtklässler auf einer Hühnerstallfete.

57

⑨ **6.90**   ⑩ **15.90**

58

Rechts: Ron Bushy, Drummer der Iron Butterfly. Unten: Tony Ashton, Kim Gardner und Roy Dyke sind stets ein Geheimtip für andere Musiker geblieben. Das breite Publikum konnte mit der unklischierten Musikauffassung der drei kaum etwas anfangen — ihre letzte Tournee mit den Deep Purple zeigte es. Auch der neue Gitarrist Mike Lieber wird das nicht ändern

BEAT-CLUB

15.45
IN FARBE

59

57   Haarmensch von hinten.
58   Plattenkoffer aus Pappe, Knautschlack und Metall.
59   »Komm auf die Schaukel, Ron Bushy«: Ankündigung einer Kindersendung, »Hör zu« 4/1971.

60

61

62

63

63 Der Schneckerich in *Die Reise ins Glück*, rechts Produktionsleiter Ralf Sziele.

Katholische sich da immer wieder zwischenschummelt, ist zwangsläufig, das geht ja vielen Regisseuren so, die mit dem Quatsch aufgewachsen sind. Buñuel ist ja diesbezüglich ein Brachialbeispiel.

Aber ich bewege mich von Film zu Film vom Thema weg. In *Die Reise ins Glück* gibt es nur noch eine Szene, die etwas mit dem lieben Gott und seiner Welt zu tun hat. Das ist die Szene, in der die Riesenschnecke die steinalte Kirche mißbraucht und zum Schluß in den Beichtstuhl abspritzt.

Das ist in gewisser Hinsicht nichts weiter als die symbolische Umsetzung eines Stoßgebets. So muß es wohl auch die FSK gesehen haben, denn obwohl der Cumshot groß im Bild ist, lief *Die Reise ins Glück* frei ab zwölf in den Kinos. Da sich die Schnecke direkt in den Beichtstuhl ergießt, ist die Bitte um Vergebung ja sozusagen im Ejakulat enthalten. So würde ich das zumindest selber interpretieren.

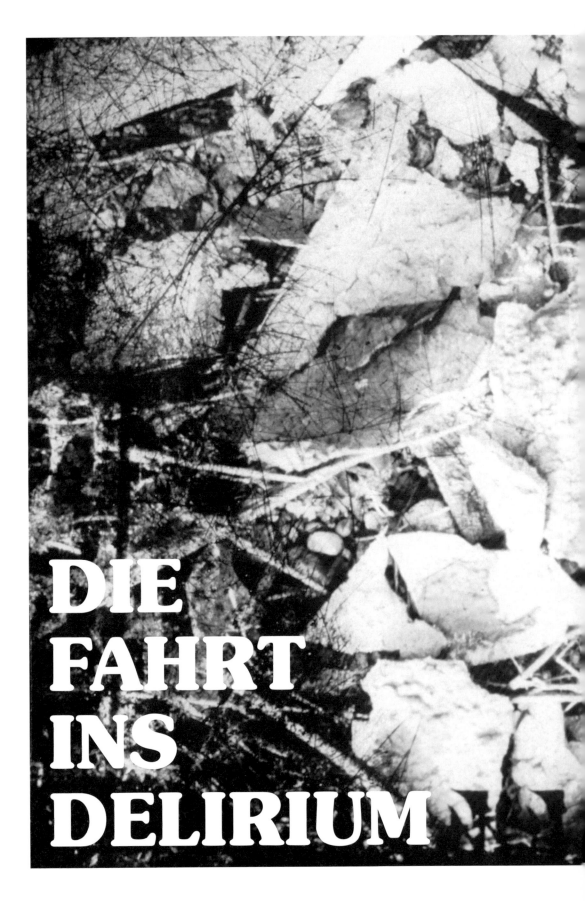

DIE
FAHRT
INS
DELIRIUM

Doppel-Dia von Diet Schütte.

DIE FAHRT INS DELIRIUM

**Ich habe keine Ahnung, womit ich anfangen soll.
Wo würdest du bei dir anfangen, zeitlich gesehen?**

Wenn ich der liebe Gott wäre, würde ich am 21. März
1961 anfangen. An dem Tag wurde ich erschaffen. Vielleicht müßte man auch neun Monate vorher beginnen.
Was die Arbeit angeht, könnte man auch den Sommer '84
nehmen. Ungefähr in dem Dreh hab ich angefangen,
die ersten Ideen für das erste Filmprojekt auf ein Blatt
Papier zu schreiben.

    Mit 18 bin ich erstmal von zu Hause ausgezogen. [1]
Vorher haben meine Eltern mich noch schnell ins
»Goldene Buch« des Bonifatiuswerkes eintragen lassen.
Außerdem wurde ich »immerwährendes Mitglied« im
Pallottiner-Meßbund. Das erfuhr ich, als eines Tages
bunte Urkunden ins Haus flatterten. Die eine zeigte
den heiligen Bonifatius, wie er mit einem Schwert die
Heilige Schrift durchbohrt. Zum Abschied hat mein
Vater mir dann eine Postkarte überreicht: »Zimmere [2]
dein Leben selbst«, las ich darauf, »aber laß dir von
Gott die Maße angeben.«

**Im Lebenslauf auf deiner Internetseite steht, daß du
nach dem Zivildienst zwei Jahre spazierengegangen
bist.**

Damals war es so, daß ich keine Lust hatte, einen Beruf zu erlernen oder eine Ausbildung zu machen. Die Berufe, die es so gab, haben mir alle nicht gefallen. Das ist ja eine Situation, in der Millionen von Leuten sind. 1982 kam erstmal der Zivildienst, da merkt man schon, wie das so ist, wenn man arbeiten muß, ohne sich die Arbeit selbst ausgedacht zu haben. Ich bin auf einer Pflegestation im Altersheim gelandet, da gab es schon am ersten Tag Ärger, weil ich mich geweigert habe, innerhalb von sieben Minuten einen Opa, der hilflos im Bett lag, gelähmt und mit Katheter im Schwanz, zack, zack zu waschen, umzuziehen und zu füttern. Und die ganze Zeit eine Schwester im Nacken, die einen scheucht. Ich habe nur überlegt, wie ich von dieser Pflegestation wegkomme.

Ich sollte dann irgendwelche Stühle in ein Zimmer am Ende des Ganges bringen, und dann habe ich alle Stühle, die auf der Station zu finden waren, in dieses eine Zimmer rübergeschleppt und übereinandergestapelt. Davon hat niemand was mitbekommen, weil die Schwestern alle wie auf Speed durch die Gegend geflitzt sind. Als die gesehen haben, daß der Raum randvoll mit Stühlen ist, war für die klar, daß ich ein Idiot bin. Mit diesem Siegel des Idioten wurde ich dann von der Pflegestation ins normale Altersheim versetzt. Nach 16 Monaten war der Spuk vorbei, und ich hatte die Nase erstmal voll.

Die Phase mit dem Spazierengehen kam danach. In diesen Jahren, das war zwischen 1984 und 86, ist nebenbei das Drehbuch für *Der Glanz dieser Tage* entstanden.

Du hast dann ein paar Jahre über einer Trinkhalle gewohnt?

Erstmal habe ich, um BAföG zu kriegen, ein Studium angefangen. Sozialwissenschaften in Hannover. Um den Dreh bin ich in einem uralten Backsteinhaus am Stadtrand von Hildesheim gelandet. Das beherbergte im Keller diesen lustigen Kiosk, der halb Trinkhalle, halb Tante-Emma-Laden war.

Das Backsteinhaus lag im sogenannten Fahrenheit-viertel. Mitten im – wie heißt es so schön? – sozialen Brennpunkt der Stadt. Als ich klein war, erzählte man sich auf den Schulhöfen, daß da nachts die Fernseher auf die Straße fliegen und die Einwohner mit Klapp-messern in den Hosentaschen rumlaufen. Das un-heimliche Viertel kannte man nur vom Hörensagen. Was einem die Mitschüler in der großen Pause eben so erzählten. Man selbst ist da als Kind nie hingekommen. Freiwillig hätten einen da auch keine zehn Pferde hingekriegt. 5–8

In dem Haus, das majestätisch am Eingang des Vier-tels stand, wohnten Freunde von mir. Also bin ich da 9–11 auch hingezogen. Das Schöne war, man war da völlig ungestört. Man konnte Krach machen, wie man wollte, mitten in der Nacht die Musik aufdrehen, fast wie im Paradies. Überdies war das Haus als Zentrale der PKK bekannt. PKK war das Kürzel für Pissende Kuh Kassetten. Damals gab's in der Bundesrepublik eine weitverzweigte Tape-Szene, ein Netz von Leuten, die selbstgemachte Musik auf Kassetten vertrieben. Und Iko Schütte, der Chef von Pissende Kuh Kassetten, hatte in dem Haus sein Hauptquartier aufgeschlagen.

12–27

Das Gebäude war eigentlich eine alte Postkutschenstation. Um die Jahrhundertwende wurden da die Pferde gewechselt. Jetzt war im Kellergeschoß der Tante-Emma-Laden, im Erdgeschoß der sanitäre Bereich und oben unser Quartier. Insgesamt waren's fünf Zimmer, da haben wir mal zu zweit, mal zu viert und mal zu fünft gewohnt, je nachdem. Es gab null Komfort und war extrem gammelig, und die Miete für das ganze Haus hat, wenn ich mich recht erinnere, gerade mal 200 Mark betragen.

Kannst du das Viertel ein bißchen beschreiben?

Mittendrin stand eine alte Gießerei, die Annahütte. Die hat alle drei, vier Tage einen sagenhaften Gestank in das Viertel gepustet. Es war schon relativ ungemütlich. Damals haben überdurchschnittlich viele Biertrinker in

57

der Gegend gewohnt, die hausten meist in sogenannten Schlichtwohnungen. Die Türen hingen oft nur halb in den Angeln oder sie waren eingetreten, und in den Treppenhäusern stank's nach Pisse. Nicht in allen, aber in vielen. Und als ich im Herbst '82 in das alte Backsteinhaus zog, bin ich genau im Zentrum – dem Trinkertreffpunkt des Viertels – gelandet.

Das mit dem Laden im Haus war ganz praktisch, da konnte man sich mit allem eindecken. Die Leute aus der Nachbarschaft holten sich da ihre harte Dauerwurst und ihr Waschmittel, und zur Kaffeezeit konnte man irgendwelche halbvertrockneten Kuchenstücke bekommen. Das wichtigste Nahrungsmittel war natürlich Bier. Auch sehr hoch im Kurs standen Kräuterliköre. Am beliebtesten war »Libero«, ein Kräuterbitter aus dem Hause Boonekamp. Im Jargon der Trinker hieß das Zeug »Höttschepöttsche«. Die Stammkunden brauchten das, um zwischen den Bieren den Magen runterzufahren – damit der nicht rebelliert. Die haben ja tagsüber nichts gegessen. Gluck, gluck, gluck wurde so'n Höttschepöttsche weggeknallt, und weiter ging's.

Im Sommer standen nachts meist die Fenster offen. Das erste, was man nach dem Aufwachen hörte, war das Gebrabbel der Leute, die sich draußen unterhielten. Im Schnitt waren es zehn, 15 Leute, die sich vor unserer Haustür zugelötet haben. Das fing frühmorgens an und ging durch bis Ladenschluß. Und die ganze Zeit hast

1 Scheiden tut weh.
2 Abschiedspostkarte.
3,4 Zivildienst.

5 Liebigstraße.
6 Fahrenheitstraße.
7 Bunsenstraße.
8 Langer Garten.

9 Aus dem Schornstein der Annahütte steigt zweimal die Woche dichter Qualm, und ein beißender Gestank zieht durch das Viertel.

10 Nur einen Steinwurf von der Gießerei entfernt steht wie im Märchen ein altes Backsteinhaus.

11 Hier regiert Iko Schütte sein Kassetten-Imperium.

12

13

»Eine der großen ungesungenen Legenden der deutschen Musikszene war der Gesamtausstoß der geheimnisvollen Schütte-Brüder.« Christian Keßler

15

14

16

17

12–17 PKK ist das Kürzel für Pissende Kuh Kassetten. Das Label hat zahllose Gruppen mit klingenden Namen wie Walter's Imbiss, Schweine im Weltall oder Die Titten unter Vertrag. Doch hinter den bunten Bandnamen verbergen sich oft nur Iko und sein Bruder Diet.

18

19

20

22

23

24

25

26

27

18–20 Auf Kassettensamplern wie »Fleischeslust«, »… nur noch Reste, Mann!« und »Fleischsalat« lassen sie ihrer »Leidenschaft für das Erfinden blödsinniger Bandnamen« freien Lauf.

22 PKK-Artist Franz Talent.

23 PKK-Supergroup Hermann Naujoks und die Naujoks.

24 Naujoks-Tape »In Flagranti«.

25–27 PKK-Fanzines »Der Knilch«, »fuckup«, »TamTam«.

du das Gebrabbel gehört. Ich hab damals versucht, mein erstes Drehbuch zu schreiben – da brauchte ich mich zwischendurch bloß aus dem Fenster zu lehnen und mitzuschreiben. Die haben, wenn sie in Form waren, eine unglaubliche Scheiße gelabert. In Abständen hat man immer so ein Klong-Geräusche gehört. Wenn sie ihr Höttschepöttsche runtergekippt hatten, haben sie Weitwurf gespielt. Das Ziel war das Verkehrsschild auf der andern Straßenseite, und wer verloren hatte, mußte die nächste Runde schmeißen.

War dies die Alltagssituation?

Das war der Alltag. Wenn man nach Hause kam, mußte man über die Leute, die vor der Haustür saßen, hinwegsteigen. Es gab zwei Eingänge, einer führte unten in den Laden, der andere ins Haus. Auf den Stufen saßen in der Regel ein, zwei Figuren. Gleich hinter der Haustür saß eine Art Türhüter. Das war die Graue Eminenz des Hauses, der blinde Alex. Der hockte wie eine Fledermaus in einem kleinen dunklen Kabuff. Alex konnte nur noch Schemen erkennen, und weil einer der ersten Mieter Uli hieß, wurden alle, die an ihm vorbei wollten, mit Uli angesprochen: »Na Uli? Bist du's?«

Der spielte aber nur den Pförtner, den hatte niemand angestellt?

Als ich einzog, saß Alex in seiner Loge und wirkte wie einer, der seit hundert Jahren dort sitzt. Ich schätze, der Posten ist irgendwann mal eingerichtet worden, damit er sich nicht langweilt.

Hinter dem Kabuff gab's eine spezielle Kammer, die für die Trinkerelite reserviert war. Das waren Leute, die sich mit der Bedienung besonders gut verstanden. Die durften im Winter im Warmen saufen, während die anderen draußen frieren mußten. Ausgewählte Kräfte, besonders hoch eingestufte Trinker, durften sogar hinten rechts im Erdgeschoß das Ladenklo benutzen. Das lag direkt neben unserem, was dazu führte, daß man dort öfters Leute antraf, die sich im Suff in der Tür geirrt hatten. Alex hatte als Pförtner die Aufgabe, darauf zu achten, daß kein Unbefugter es bis zum Klo schafft.

Gab es bestimmte Regeln, soziale Strukturen?

Die Regel war: das Bier aufmachen und reinschütten. Und das von morgens bis abends. Mehr Regeln gab es nicht. Es gab hin und wieder 'ne Klopperei, nicht sehr oft. Es kam auch vor, daß mal irgendwer umgekippt ist. Grundsätzlich regelte sich das aber von selbst. Zumal die sich ihre Verletzungen meist durch Stürze zuzogen, wobei sie um Ausreden nie verlegen waren. Manchmal kamen Fremde, die niemand abkonnte, die hat man dann verscheucht: »Was willst du denn hier? Du bist

38, 39

40–42

doch hier überhaupt nicht etabliert.« Das war so der Standardspruch, der von den alten Herren kam. Die Alteingesessenen, das waren Leute, die allgemein geachtet wurden und die auch dazwischengingen, wenn Streit aufkam. Der Fels in der Brandung war ein gemütlicher Mittfünfziger mit Prinz-Heinrich-Mütze, ein großer Mann namens Kurt Knüppelmeier. Der prahlte immer mal wieder, er hätte den Wankelmotor miterfunden. Der hatte 'ne Ausstrahlung wie ein Honigbär und wurde ehrfürchtig Knüppi genannt.

Eine typische Episode fällt mir da ein. Eines Morgens klingelt es Sturm und Knüppi verlangt nach Unterhaltungslektüre. »Ihr seid doch Studenten. Habt ihr mal 'n Buch für mich?« Ratzfatz hat das Formen angenommen, und spätestens ab mittag steht die Klingel überhaupt nicht mehr still. Alle naselang werden neue Bücher verlangt, von den abenteuerlichsten Gestalten. Bücher, die sie dann nur so, zum Angeben, mit sich herumschleppen, aber nie wirklich lesen. Stattdessen durfte man sich jeden Tag, den Gott werden ließ, neue Sprüche anhören. »Haste Johannes Simmel? ›Der Lügner‹? Oder gib mir noch so'n Böll, der lügt auch ganz gut.« Wenn man sie fragte, hatten sie jedes Buch, egal, ob sie es gerade erst ausgeborgt hatten, immer schon durch. Glücklicherweise hatten wir zwei Kisten mit hochwertigen Taschenbüchern – »Archipel Gulag«, »Ansichten eines

43–45

Clowns« und so'n Mist – auf dem Dachboden stehen, von denen wir nicht wußten, wer von den Vormietern die da oben vergessen hatte. So ging uns also, zumindest ein paar Wochen lang, die Munition nicht aus.

Kam es im Laufe der Zeit zu Freundschaften?

Befreundet wollte man mit denen gar nicht sein. Man hätte sich auch nicht dazugestellt, um mit denen zu trinken. Das hätte auch nicht funktioniert. Es gab da keinen Impuls, sich zu verbrüdern. Für uns nicht und für die auch nicht. Für die waren wir die Herren Studenten, die oben im Haus ihre Studien trieben.

Wir haben zwar auch gern gesoffen, allerdings immer schön zu Hause. Oder abends mal draußen, wenn alle weg waren. Um sechs war der Laden dicht und um sieben war der letzte verschwunden, dann gehörte das Terrain wieder uns. Dann waren die in ihre Schlichtwohnungen zurückgewankt. Morgens Punkt acht stand die Stammmannschaft dann wieder auf der Matte. Das war wie zur Maloche gehen, statt zur Schicht sind die zur Trinkhalle marschiert. Die hatten ja alle keinen Job, für die war der Kiosk der Job. Und erst, wenn das letztes Bier alle war, sind die nach Hause gegangen. Dann war Feierabend. Und zu Hause wurde dann das Feierabendbier aufgemacht.

28–31

28–31 Im Souterrain befindet sich ein kleiner Kaufmannsladen.

32

33

34

32 Harte Dauerwurst

35–37

35–37 Von morgens bis abends kann jeder, der sich dem Hause nähert, den schönsten Fachgesprächen lauschen.

38

39

40

38,39 Manch einer verwandelt sich nach ein paar Bierchen von Doktor Jekyll in Mister
Hyde.

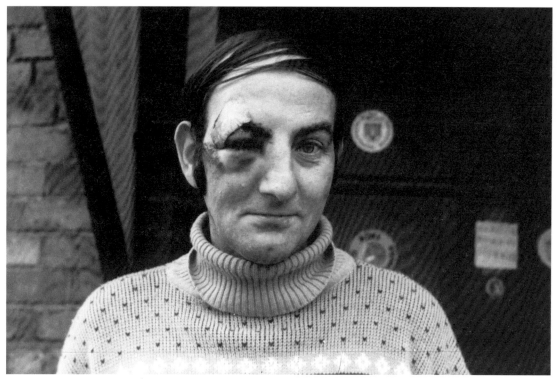

41

42

43

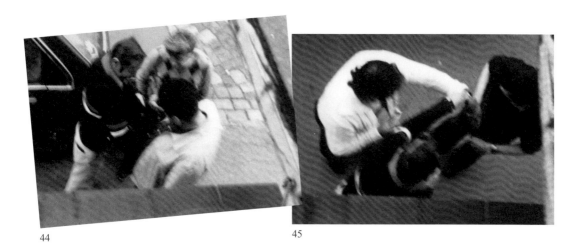

44   45

43–45 Literarische Zirkel.

46   Der Garten. Hier darf in allen Variationen geschifft, gepißt und gestrullt werden.

47   Gerngesehender Gast: der Kontaktbereichsbeamte.

48   Der Philosoph beim Pissen.

Gab es besondere Rituale?

Es gab besondere Pißrituale. Die mußten ja zwischendurch ihr Wasser abschlagen. Es gab, wie gesagt, besondere Lieblinge, Leute, die im Haus das Klo benutzen
durften. Für die andern befand sich hinterm Haus die
große Gemeinschaftstoilette. Hinterm Haus lag unser
Garten, im Sommer voller Unkraut und Brennnesseln,
in der Mitte ein alter Kirschbaum. Der Garten wurde
auch als Autofriedhof genutzt, alle paar Monate stand
da 'ne neue Karre, die irgendwer über Nacht da abgestellt hatte. Manchmal verschwand auf geheimnisvolle
Weise ein ganzes Wrack, wie weggezaubert … Und
zwischen den Schrottautos haben die Leute in die
Brennnesseln gepißt. Wer mal kacken mußte, hat sich
unter die Büsche an die Hauswand verzogen, wobei der
Platz unterm Küchenfenster am beliebtesten war. Nicht
sehr angenehm für uns, denn das Fenster bestand aus
Glasbausteinen, und man konnte die Luftzufuhr nur
mit einem einzigen Stein regeln. Wenn da ein frischer
Haufen lag, stank nachher die ganze Küche.
   Eines Tages ist irgendwer in den alten Transit eingezogen, der schon 'ne ganze Weile ausgeschlachtet unter
meinem Fenster stand. Der war den Sommer über als
Pißbude in Betrieb, und durch das offene Fenster konnte
ich morgens immer hören, wie draußen die Fahrertür
aufgemacht wurde und das Trommeln einsetzte. Das

Geräusch, wenn die Pisse aufs Blech vom Führerhaus schlägt. Nach dem Quietschen der Tür hörte ich neuerdings immer ein freundliches »Moin!«, und während die Pisse ins Führerhaus prasselte, rieb der Bewohner sich verschlafen die Augen … Das war so ein friedliches Mit- und Nebeneinander. Der lag da auf seiner Matratze, und 'n Viertelmeter von seinem Kopfende wurde da reingestrullt.

Gab es Dinge, die dich gestört haben?

Störend war höchstens, wenn irgendwelche Schreihälse oder Schlägertypen auftauchten. Was aber selten vorkam, weil die schnell wieder vergrault wurden. Dafür sorgte ja die Stammmannschaft, Leute wie Knüppi und Topfit. Topfit war ein lustiger Rentner, der seinen Spitznamen einem Magenbitter verdankte. Zur Stammbesetzung gehörten auch der Philosoph, ein fetter [47, 48] Schlaumeier mit Fistelstimme, und Paddelfuß, ein Typ mit Watschelgang, der allgemein verlacht wurde und das Faktotum spielte.

Wie sah euer Alltag aus? Was habt ihr gemacht?

Während die draußen gesoffen haben, haben wir in den Tag hineingelebt. Jeder wie er wollte. Der eine hat den ganzen Tag Tee getrunken, Füße auf der Fensterkante,

und rausgeguckt. Der andre hat den halben Nachmittag
49 an irgendwelchen Prachtgemälden rumgepinselt, oder
Kontrabaß gespielt. Iko hat sein Kassettenimperium
verwaltet und sein Bruder Diet hat, sobald er aus der
Grafikschule kam – Diet hat ja fleißig studiert –, am
Vierspurrekorder gesessen und seine romantischen
50, 51 Lieder komponiert. Und ich hatte mir – weiß der Teufel
warum – die Sache mit dem Film in den Kopf gesetzt,
wollte einen katholischen Monumentalfilm drehen.
Um mich auf das Projekt einzustimmen, habe ich nach
dem Aufstehen erst einmal ausgiebig Musik gehört.
In meinem Zimmer wummerten stundenlang irgendwelche Kassetten, oft bis es dunkel wurde. Ich hatte
ja viel vor: Ich wollte mich strikt an die katholischen
Filmgesetze halten. So, wie sie in »Die 9. Seligkeit –
52 Licht und Dunkel des Films« niedergelegt sind. Getreu
diesen Gesetzen sollten die Drehbuchseiten von gutem
und sauberem Humor durchtränkt sein, nicht ohne
einen Schuß Erotik.

So hat jeder vor sich hingemuckelt, und zwischendurch wurden kleine Landpartien unternommen, der
Ghettoblaster immer dabei. Am Wochenende trieb es
einen aufs Nachbargrundstück, dort standen allerlei
Landmaschinen. Dann haben wir Arbeiter gespielt,
sind auf den Maschinen rumgeklettert und haben uns
53–55 in Posen fotografiert, die nach »Feierabend« aussahen.

Wie man erschöpft die Thermoskanne zuschraubt … Wie man die Unimogtür zuschlägt … Wie man sich auf den Heimweg macht, zu Frau und Kind … Rückblickend würde ich sagen, wir träumten uns in ein Zauberland, prallgefüllt mit herrlichster Arbeit. Auch wenn wir uns beruflich noch nicht festgelegt hatten, die Liebe zur Arbeit war allgegenwärtig. So hing zum Beispiel an meiner Zimmertür ein Merkkärtchen für die fünfte Klasse: »fleißig, fleißiger, am fleißigsten« – eine sogenannte regelmäßige Steigerung.

56

57

In die Tage des Müßiggangs platzte ernste Post, die vom Heiligen Geist und vom Kreuzestod des Herrn Jesus Christus erzählte. Mein Vater fing an, mich mit umfangreichen Briefen zu bombardieren. Briefe, die vom Geheimnis des Glaubens und vom Wort, das Fleisch geworden war, handelten, und in denen er mich bestürmte, allem Schund und Dreck auf dieser Welt den Kampf anzusagen. Eines Tages lag ein Brief im Kasten, aus dem hervorging, daß er mir in der Wohngemeinschaft einen Besuch abstatten wollte.

58–60

Wie gesagt, ich fand die Scheißelaberei vor der Haustür immer recht ansprechend, es war ja auch nicht besonders laut. Wenn das Fenster zu war, hat man davon nichts mitgekriegt. Meine Eltern fanden das Ambiente weniger schön, und mein Vater hat sich aus Angst vor den Trinkern lange nicht hergetraut. Die waren ja immer wie eine Barriere. Aber eines Sonntags stand er

49

50

51

52

49 Ulrich Bogislav betrachtet seine Gemälde.

50, 51 Diet Schütte am Vierspurrekorder.

52 Erschien parallel zum Oberhausener Manifest: »Die 9. Seligkeit – Licht und Dunkel des Films«.

53

54

55

56

57

53–55 Feierabend.

Am Samstag, den 12. 5.
ist Muttertag.
Das Bild der Mutter Christi
ist unsertig.

Vergiss — um der Liebe Christi
Willen — nicht. Seine Mutter,
Deine Mutter u. unsere
Mutter.

Behüt' Dich Gott!

Dein Vater

Wir beben für Dich!

58

...en. Die „Mutter Gottes" die Du dann zur Tauf...
...nen hast haben wir so lange aufgehoben...
...einem Nachttischchen. Sie gehört Dir. Die...
... re aller Mutter u. wenn wir in Sorgen u....
...h menschlichem Ermessen fast unlösbar s...
...s auch keinem anderen Menschen zu vertrau...
...en wir getrost Maria der Mutter Gottes anver...
...läßt Dich nicht, sie hat es mir versproch...
...e „Sie" ab u. zu mit einem „Ave Maria...
...h mal, Du wirst sehen, wie sie sich freu...
...ecken. — Wisst, Freunde halten zusamm...
...en muß ich bald zur Arbeit. Ich h...
...en schönen Job wie Du, ich mache Ihn...
...alles was man gern tut, ist einfach...
...das gern tut was man soll so wird...
...irklich. Versuch es mal. ich behalt...
...nen ersten u. für Deinen letzten Händed...
...herzlich bedankt.

Dein Freund Pappi!
u. Deine Freundin Mutti!

59

60

60 »Mein Freund Papi«. September 1962.

dann doch vor der Tür, hat sich unsere Zimmer der Reihe nach angeguckt und in jedes eine Träne reingeweint. Das einzige, was er wirklich gut fand, war mein Kohleofen. Ich weiß noch, daß er mich zum Abschied fragte, ob ich mir auf dem auch mal 'ne Erbsensuppe heiß mache. Es war eine seltsame Mischung, er schien gleichzeitig geschockt und gerührt – das Ganze erinnerte ihn offenbar an seine Zeit in Schlesien. Zu Weihnachten hat er sich dann von mir gewünscht, daß ich mal aufräume.

61–65

Noch mal zurück zum Tante-Emma-Laden. Wem gehörte der?

Einem Herrn Kantereit. Dem ging es darum, seine Brötchen, sein Bier und sein Klopapier loszuwerden, den hat man alle paar Wochen mal kurz rein- und wieder raushuschen sehen. Der stand nicht selber hinterm Tresen, der hatte eine Fachkraft angestellt. Die hieß Irmchen und war – in ihrer hellblauen Nyltestschürze – sowas wie die Mutter der Kompanie. Mit der hab ich an ihrem letzten Arbeitstag, als sie ihren Abschied feierte, etwas sehr Schönes erlebt. Die hat bei der Arbeit ja nie getrunken, sich aus diesem Anlaß aber systematisch zugekippt und war schon am Mittag ziemlich blau. Am frühen Nachmittag wollte ich drei Bier kaufen und sie verlangte strahlend 80 Mark von

66

82

mir. Es war irgendein krummer Betrag: 84 Mark 79 oder sowas. Auf die Bitte, mir vorzurechnen, wie sie auf die Summe käme, fing sie an, die Zahlen mit viel Schwung auf den Ladentisch zu malen. Dabei verrechnete sie sich dauernd, bis der halbe Tresen vollgemalt war. Und siehe da, am Ende kam tatsächlich 80 Mark nochwas raus.

Gab es Momente, die weniger lustig waren?

Blöd wurde es immer, wenn man einem krassen Absturz zugucken mußte. Da fällt mir ein gewisser Fritze ein, der sich vor unseren Augen regelrecht totgesoffen hat. Fritze fiel dadurch auf, daß er pausenlos und fast kreischend deutsche Volkslieder sang. Beim Singen wurde er schnell aggressiv, fiel dann im nächsten Moment wieder in eine selige Stimmung, so ging das hin und her. Wenn du mittags rauskamst, hat der dich gleich mit »Auf einem Baum ein Kuckuck saß« angelallt. Das war schon echt abartig. Der ist in einem unglaublichem Tempo zerfallen, wie ein Zombie, konnte am Ende kaum noch kriechen und hing den ganzen Tag in einem gelben Fernsehsessel vor der Haustür rum und johlte. Die Tage, wo der aus dem Leim gegangen ist – das war eine Phase von vielleicht zwei, drei Monaten –, die waren schon erschütternd. Und alles begleitet von diesem elenden Geplärre.

Einen unvergeßlichen Auftritt hatte auch Hardy, der Scheißefresser. Als der anfing, die Leute mit seinem Steckenpferd vollzulabern, war drei Tage Remmidemmi. Eine Riesenstimmung. Hardy war einem vorher kaum aufgefallen, der tauchte, wenn's hochkam, alle drei Monate mal auf. Den Elektroherd, den wir in unserer Küche stehen hatten, hatte übrigens einer der Vormieter bei Hardy gebraucht gekauft. Lange, bevor aktenkundig wurde, daß Hardy Scheiße frißt. Wahrscheinlich hat der genau da, wo wir jahrelang unsre Stampfkartoffeln gekocht haben, seine Töpfe mit Scheiße heißgemacht.

Klingt ja gemütlich.

Ja, das war auch gemütlich. Im Sommer war's prima, aber im Winter wurde es unerträglich – es war feucht und eisig kalt. Im Untergeschoß war Hardys E-Herd die einzige Heizmöglichkeit. Die eine Außenwand war so feucht, da konnte man den Schimmel wie aus dem Joghurtbecher rauslöffeln. Die Wasserleitungen und das Klo waren, wenn das Thermometer unter Null fiel, eingefroren. Dann durfte man nachts rausgehen und in den Schnee pissen. Und wenn's richtig eisig wurde, kamen die Mäuse aus dem Keller hoch in die Küche. Einmal war es so extrem, daß die Mäuse auf den Herd sprangen und sich um die heiße Platte versammelten.

Das war wie in so einem Kinderbuch aus dem 19. Jahrhundert. Die hatten alle Scheu verloren. Ein paar Wochen hatten wir auch 'ne Wanderratte zu Besuch, das war weniger lustig. So 'ne Ratte im Haus ist schon scheiße.

Und dann kam auch schon die Abrißbirne.

Es war klar, daß das Haus irgendwann abgerissen wird, bevor es von alleine auseinanderfällt. Richtig blöd wurde es, als sich herumzusprechen begann, daß der Tante-Emma-Laden dichtgemacht wird. Da fing es an, aus dem Ruder zu laufen. Die Leute haben ihre Flaschen überall hingeschmissen, weil's eh scheißegal war. Rund ums Haus sammelten sich die Bier- und Kräuterlikörflaschen, und auch ich habe angefangen, meinen Müll einfach aus dem Fenster zu schmeißen. Unterm Fenster stand ein großer Holunderstrauch, der hing am Ende voll mit Milchtüten und irgendwelchen Abfallsachen.

    Und derweil der Kiosk vor die Hunde ging, gingen das auch einige der feuchtfröhlichen Gesellen, die dort jahrelang dem lieben Gott die Zeit gestohlen hatten. Allen voran Fritze, der vor unseren Augen buchstäblich aus dem Leim ging. Zum Schluß war er schon morgens so hinüber, daß er lallend vor der Haustür lag und Iko

61

62

63

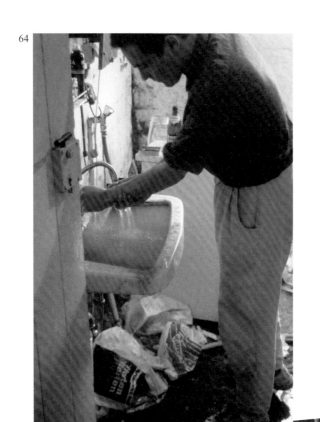

66

67

Mit d[...]

70

69

68 Der letzte Einkauf.
69 Das letzte Aufgebot.

»Der Gutachter kam ins Haus und hat Fotos gemacht. Da weiß ich noch, daß wir richtig stolz waren: Mensch, die kann sich ja richtig sehen lassen, diese Bude!« Diet Schütte

71

72

73

71–73 Nach der ersten Attacke.

»Ich bin dann auf den Dachboden gezogen. Ich hatte da oben ein Sofa, und eigentlich war's auch gar nicht schlecht. Man ist morgens aufgewacht und guckte direkt in diesen Dachstuhl rein. Das hat mir eigentlich immer ganz gut gefallen.« Diet Schütte

»Wenn man im Winter ins Bett ging, dann hatte man einen Meter neben sich 'ne glitzernde Schneelandschaft. Das war wildromantisch da oben.« Thomas Krügerke

74

75

75 Zwei Heimatvertriebene.

76

»Bevor wir ausgezogen sind, haben wir uns noch mal abfotografiert, jeder vor seiner Bettwäsche.«

77

ihm aus lauter Mitleid seinen gelben Fernsehsessel rausstellte. Zum Pissen – laufen konnte er irgendwann nicht mehr – haben ihn zwei kräftige Damen, eine davon mit einer Stimme wie ein Blecheimer, regelmäßig aus dem Sessel gehoben und gegen die Hauswand gehalten. Das ist schon drollig, wenn man morgens zum Brötchenholen aus der Haustür tritt und auf leeren Magen mit einem Bild konfrontiert wird, wie es feuchtfröhlicher nicht sein könnte.

Und jetzt kommt der Grund, warum ich niemals SPD wählen würde. Eines Tages veranstaltete der Ortsverein Nordstadt dieser feinen Partei eine Begehung unseres Viertels, auf der Suche nach Mißständen. Die gab's zuhauf, zum Beispiel direkt vor unserer Haustür zwei nicht fertig gebaute Brücken, die seit Jahren sinnlos in die Gegend ragten. Jedenfalls druckte ein hier vielgelesenes Anzeigenblättchen eine Titelstory, in der unser Haus – unser geliebtes Häuschen – zum »Schandfleck der Stadt« gekürt wurde. In der Umgebung unserer Bleibe – da wir inzwischen dort filmten, könnte man auch sagen: unseres Studios – sei es nicht nur unbeschreiblich schmutzig, sondern es fänden sich dort ganze Berge von Schluck- und Kräuterlikörfläschchen. Kurz und gut, die Stadt Hildesheim wurde aufmerksam, kaufte das Haus und setzte uns vor die Tür. Vorher gab es noch einen Rechtsstreit, da kam ein Gutachter ins Haus und machte Fotos. Mit der Folge,

70

daß unser Rechtsanwalt bei der Verhandlung – im festen Glauben, eine normale WG zu vertreten – vor Scham im Boden versunken ist.

Als im Viertel bekannt wurde, daß das Haus abgerissen wird, fingen ein paar Halbstarke schon mal damit an. Da flogen nachts dicke Feldsteine in die Fenster, und zwei von uns mußten auf den Dachboden ziehen, weil sie in ihren Zimmern nicht mehr sicher waren. Mit Karnickeldraht und heruntergelassenen Rollos hat man versucht, die ersten Attacken abzuwehren. Später wurden die zersplitterten Scheiben dann einfach mit Pappen zugeklebt. Im letzten Winter haben wir dann alles verheizt, was brennbar war. Das Treppengeländer, die Stühle, alles, was nicht niet- und nagelfest war, wurde in den Ofen gesteckt. Das war dann der Ausklang, das Ende vom Lied.

71–73

Ach ja: Bevor wir ausgezogen sind, haben wir uns noch mal abfotografiert, jeder vor seiner Bettwäsche.

Was ist mit der Stammkundschaft passiert?

Die waren todtraurig. Die hatten ja über Nacht ihre Heimat verloren. Die sind dann ein paar Straßen weitergezogen, zum nächsten Kiosk, bei dem leider ziemlich abstoßende Zustände herrschten. Der Charme war dahin. Das hatte dann eher so ein asoziales Flair. Knüppi

75–77

und Co. haben es da auch nur ein paar Wochen ausge-halten. Man hat die danach kaum noch gesehen, die hingen wahrscheinlich in ihren Schlichtwohnungen rum. Das ist ein seltsames Phänomen, man wohnt im selben Viertel, aber sie laufen dir nicht mehr über den Weg.

DIE KACKWURST IN DER PUPPENSTUBE

Wer wie ich gerne hin und wieder im Fachmagazin »Happy Weekend« blättert (gibt's in den einschlägigen Shops), stößt früher oder später un-weigerlich auf die Beschreibung einer sexuellen Disziplin, die mit dem Verspeisen von Kot einhergeht. Womit wir bei Hardy, dem Scheißefresser, wären.

Hardy, der Scheißefresser, war ein Vertreter jener Zunft, hatte daher auch seinen Spitznamen und tauchte eines Tages wie aus dem Nichts im Kiosk auf, um den Leuten mit detaillierten Beschreibungen auf den Keks zu gehen. Den guten Hardy muß man sich so vorstellen: Ende 40, korpulent, Jeans und Lederjacke, dazu trug er Stirnglatze mit Haarkranz.

Und er leistete, das kann man nicht anders sagen, Überzeugungsarbeit. Als ginge es um sein Leben oder zumindest, als würde er dafür bezahlt. Zu diesem Zwecke wählte er immer die gleichen vier, fünf Einleitungs-sätze, mit denen er jeden, der ahnungslos stehenblieb, in ein Gespräch zu verwickeln trachtete. »Das ist menschlich! Das steckt in jedem drinne! Das macht jeder gern! Das möchtest du auch gern machen! Hör zu! Du gibst deiner Frau zwei Wochen lang Mon Chérie …« Ich muß mich dafür entschuldigen, daß in dem Zitat die Namen einer bekannten Fernsehzeit-schrift bzw. einer Pralinenmarke vorkommen, aber so war's nunmal. Jeden-falls: was folgte, war eine ausführliche Beschreibung der Angelegenheit, komplett mit Glastischchen und Silberlöffel. Wie das eben so zugeht bei

Hempels unterm Sofa. Und das keineswegs leise oder flüsternd, dabei konnte er auch schon mal ärgerlich werden, weil ihm ja meist keiner zuhören mochte.

Als Klaus, der Indianer – der bei uns so hieß, weil er mit seinen langen Haaren wie ein Häuptling aussah – von der Sache Wind bekam, klammerte er sich, sichtlich erschüttert, minutenlang am Türrahmen fest, um immer die gleiche Litanei vor sich hinzustöhnen: »Scheiße, der frißt Scheiße! Ich faß es nicht. Scheiße, der frißt Scheiße!« Klaus hatte übrigens eine aus allen Nähten platzende, aber herzensgute Lebensgefährtin, die wie er dem Alkohol innig zugetan war und mit der er jeden Nachmittag, pünktlich um vier, in einem der schrottreifen Autos, die schon seit Ewigkeiten hinten bei uns im Garten standen, die Fahrt ins Delirium antrat. Da saßen sie dann bis in die Dämmerung hinein, Kiste Bier im Kofferraum, in der verrosteten Karre und blickten auf die Brennesseln, in die hin und wieder einer, der vorbeigetorkelt kam, sein Wasser schlug.

Vor meiner Zeit, als Ulrich Bogislav noch mein Vormieter war, ist es rund um Haus und Kiosk weit wilder zugegangen. Ihm war vergönnt, mitansehen zu dürfen, wie im Garten unter lautem Gejohle ein Zelt aufgeschlagen wurde, in dem eine ältere Dame für fünf Mark ihre Liebesdienste anbot. Ruckzuck bildete sich eine lange Schlange, denn fast jeder wollte mal drankommen. Nach einer haben Stunde beendete die Polizei das fröhliche Treiben, was bei der älteren Dame auf völliges Unverständnis stieß. Sie lallte immer wieder: »Die müssen auch mal einen stöpseln dürfen, wenn'se riemich sind …«

Vielleicht hätte man alles nur ein bißchen netter aufziehen sollen? Man hätte zum Beispiel ein hübsch gemaltes Schild aufstellen können: »1 x ficken umsonst. 2 x ficken 3 Mark. 8 x ficken und 1 Buchstabensuppe 5 Mark.« Bei reelen Preisen hätte sicherlich kein Polizist der Welt was dagegen gehabt.

Doch zurück zu Hardy, dem Scheißefresser. Sicherlich verwundert es den Leser nicht, daß wir, mein Mitbewohner Diet Schütte und ich, vor langer Zeit – lange, bevor *Der Glanz dieser Tage* in Angriff genommen

**Vom Scheißefresser beeinflußte
Storyboards und Skizzen**

»Herr Pfarrer! Herr Pfarrer!«
»Wir haben aus Kot ein Knethlehem gebastelt.«   »Das habt ihr aber fein gemacht.«

wurde – am Entwurf mehrerer Kurzfilme tüftelten, die malerische Titel wie »Die Kackwurst in der Puppenstube« und »Die Kackwurst in der Badeanstalt« trugen.

Schauplatz sollte eine Puppenstube sein, die mein Vater mit viel Kunstverstand zusammengeleimt hatte und die sich, arg ramponiert und längst abgedeckt, noch immer in meinem Besitz befand. Der »Plot« ging so: Nachdem sich nach dem Vorbild der Augsburger Puppenkiste ein Vorhang aufgetan hatte, sollte sich »der Körperteil, den man nicht nennt« (Joseph Roth) auf die Stube senken. Aus der Froschperspektive sollte dann, mittels Einzelbildschaltung und unterlegt mit sanfter Musik, jene Verrichtung beobachtet werden, die die bürgerliche Gesellschaft »das große Geschäft« nennt. Die zur Trompetenmusik ans Licht tretende Wurst sollte zum Helden unserer kleinen, nicht ganz stubenreinen Geschichte werden, sollte fernsehgucken, Chips essen und alle naselang das stille Örtchen besuchen. Damit der Darsteller uns nicht unter den Fingern zerging und den Drehort beschmutzte, hatten wir eine Dose Klarlack gekauft. Nun mußte nur noch einer von uns die Hosen herunterlassen und auf der Puppenstube Platz nehmen.

Ungefähr hier haben wir das Projekt dann abgebrochen, obwohl Diet schon eine wunderbare Idee für die Filmmusik hatte. Als Titelmelodie wollte er einen schwungvollen Klowalzer komponieren, und für den Abspann hatte er die Coverversion eines alten Tangoschlagers im Blick: »Regentropfen« von den Metropol-Vokalisten. Er hatte auch schon einen passenden Refrain ausgeheckt:

Kotbrocken, die an Dein Fenster tocken,
Das merke Dir, die sind ein Gruß von mir.

Also eine recht hübsche Filmidee, die aber – heute sind wir froh drüber – nie realisiert wurde. Die provisorischen Drehbücher, im Herbst 1983 entstanden, besitze ich noch heute und hüte sie wie einen Goldschatz.

»Wer hat den Kot auf die Kanzel gelegt?«   Der Pastor legt sein Ei in die Sakristei.

DER GLANZ DIESER TAGE

Gemälde von Bernd Röthig.

Der Glanz dieser Tage
BRD 1989
93 Minuten
Farbe
8/16 mm BlowUp

Werdender Priester Jürgen Höhne
Seine Frau Alexandra Schwarzt
Pfarrer Bernward Herkenrath
Meßdiener Jonas Kättner · Kaname Schulze
Bischof Bernd Röthig
Oberministrant Matthias Hänisch
Engel Sabine Meyer
Orgelspieler Baron von Lallu
Gottsucher Wenzel Storch
Nonnen Katja Kiefer · Margret Uhlenbecker
Büßer Thomas Krügerke
sowie Heinzi als Heinzi

SPIELLEITUNG Wenzel Storch MUSIK Diet Schütte · Schweine im Weltall · Die Fliegenden Unterhosen · Hermann Naujoks und die Naujoks · Wenzel senior KAMERA LICHT TON SCHNITT BAUTEN USW. Thomas Krügerke · Iko Schütte · Matthias Hänisch · Judith Stern · Frank Peters · Bernd Röthig · Sabine Meyer · Peter Stonner · Ulrich Bogislav · Wolfgang Weber

Gefördert von Hamburger Filmbüro · Vertriebskontor Hamburg

100

DER GLANZ DIESER TAGE

„Ein sehr komischer Film. Der Regisseur scheint vor Einfällen zu platzen."
TITANIC

„Ein Wechselbad wahnwitziger Späße und absonderlicher Visionen." TAZ

„Der Film mit dem unterirdischsten Humor des Jahres."
FILMTIPS

„Storch zieht alles durch den Kakao, was ihm unter die Finger kommt."
KATHOLISCHER FILMDIENST

WENZEL STORCH
präsentiert
„DER GLANZ DIESER TAGE"
Mit
BERNWARD HERKENRATH
ALEXANDRA SCHWARZT
JÜRGEN HÖHNE
Musik DIET · SCHWEINE IM WELTALL · DIE FLIEGENDEN UNTERHOSEN
Spielleitung WENZEL STORCH
Gefördert vom Filmbüro und Vertriebskontor Hamburg

DER GLANZ DIESER TAGE

1990 kam dein erster Film in die Programmkinos.
Der Glanz dieser Tage **sei geeignet für »Kirchenbe-
dienstete, Theologen und Gesprächsgruppen über
kirchliche Erneuerung«. Das stand in der Urkunde,
die dir die »Tage des internationalen religiösen
Films« zugestellt haben.**

Wobei ich ja finde, daß es kaum was Abstoßenderes
gibt als Gesprächsgruppen über kirchliche Erneuerung.
Aber egal …

Wie schon gesagt, bei uns zu Hause wurde nicht
lange gefackelt, da herrschte das Faustrecht. Allerdings
nur das »kleine Faustrecht«, das Faustrecht der Liebe.
In so einer Welt bleibt einem keine Wahl, da steht man
noch mit 16 am Altar rum, selbst wenn man Gott schon
lange heimlich scheiße findet. Ich kann mich erinnern,
daß ich mir bei den letzten heiligen Messen, bei denen
ich dienen mußte, das muß so um 1976 oder 1977
gewesen sein, die Zeit immer mit selbstgemachten
Gebeten totgeschlagen habe: »Scheißgott, Scheißgott,
Kackjesus, Kackjesus, Pißmaria, Pißmaria« – so ging
das ständig im Kreis rum. Wie das eben so ist, wenn
man als Meßdiener aufwächst. Dann darf man seine
Pubertät mit Gott verplempern.

Mit den Jahren sammelt sich da allerhand an, und eines Tages kam die Idee, einen römisch-katholischen Monumentalfilm zu drehen, eine Art Ministranten-Report. Der eigentliche Auslöser war ein LSD-Trip, irgendwann im Sommer '81. Ich hatte mit einem Freund eine Mikropille geschluckt und nach ein paar Umwegen fanden wir uns auf dem Hildesheimer Domhof wieder. Heute glaube ich ja, der liebe Gott hatte seine Finger im Spiel und hat uns an unsichtbaren Fäden in sein Reich geführt.

Vor dem Tausendjährigen Rosenstock und zwischen den alten Grabkreuzen überkam es mich dann. Wie wäre es, dachte ich – oder dachte die Chemie in mir –, wenn man den heiligen und apostolischen Quatsch, der uns hier gerade umflirrt, als bunten Film auf die Leinwand bringen würde? Was mir vorschwebte, war eine Art Erweckungsfilm – angesiedelt in einem Traumland, zugeballert mit Rosenkränzen, Tabernakeln und Opfertischen, von denen am Ende in langen, endlosen Einstellungen das Blut tropft. Natürlich war mir klar, daß es einen Film, in dem es auch nur halb so bunt und unberechenbar zugeht wie auf Pille, gar nicht geben kann. Aber warum nicht mal, zur höchsten Ehre Gottes und quasi hinter dem Rücken der Kirche, einen römisch-katholischen Propagandafilm drehen? Bunt und bescheuert, denn der katholische Alltag ist ja, entgegen allen Klischees, grau und trist.

Und so erzählt *Der Glanz dieser Tage* das Schicksal eines Mannes, der auf seine alten Tage noch einmal Priester werden möchte. Und der, um das Versprechen der Ehelosigkeit zu erfüllen, seine Frau anzündet. Die Frau ist schwer entflammbar, aber die Geste zählt: Gott ist von dem Verbrennungsversuch so gerührt, daß er den Mann zur Belohnung verjüngt und ihm ein Gotteshaus und eine Gemeinde schenkt.

5

6–8

Aus dem Drehbuch *Der Glanz dieser Tage*, Seite 3

FRAU: Gib mir noch einen Kuß.
MANN: Aber Frau. Das gehört sich nicht für einen werdenden Priester.
FRAU: Warum mußt du auch unbedingt Priester werden?
MANN: Schon als Siebenjähriger träumte ich davon, einmal von einer Nonne das Frühstück ans Bett gebracht zu bekommen.

Vorhang.

MANN: Die Priesterweihe rückt immer näher. Mein Gott. Bald ist es soweit. Ich darf gar nicht daran denken. Diesmal kann ich mich nicht drücken.
FRAU: Unsinn. Sag einfach, du hast dir beim »Vaterunser« die Arme ausgekugelt. Bis die Sache auskuriert ist, verleben wir noch viele schöne Stunden miteinander. Komm. Ich mach dir einen Verband.
MANN: Letztes Mal habe ich mir beim »Gegrüßet seist du, Maria« ein Bein gebrochen. *Gerangel um den Arm.* Und vorletztes Mal habe ich das Kreuz so heftig geschlagen, daß ich hinterher Nasenbluten hatte. Glaub mir, Frau. Das fällt langsam auf.

FRAU: Unsinn. Das merken die nicht.

MANN: Auch ein Weihbischof wird einmal ungeduldig. Willst du denn, daß ihm der Kragen platzt?

FRAU: Und wenn schon. Soll denn plötzlich alles aus sein zwischen uns? Nur wegen eines albernen Weihbischofs? Ich kann es gar nicht glauben. Halte mich. Ich sinke. *Sie sinkt ihm in die Arme.*

MANN: Es tut mir leid. Ich kann jetzt nicht mehr zurück. Du weißt, ich habe mich für zwölf Jahre verpflichtet. Und in diesen zwölf Jahren darf es nur eine Frau für mich geben. *Er hebt preisend die Arme.* Die heilige Kirche. *Die Gattin rutscht auf den Boden.*

FRAU: Das ist also der Grund. Eine andere Frau.

Fortan tollt der Mann durch ein apostolisches Zauberland, eine Art Meßdienerschlaraffenland, in dem Wein und Blut fließt. Kein echtes natürlich, sondern Herzblut. Mit seinen Jungs verlebt der Priester sonnige Tage: Man begegnet Büßern und Engeln, besucht Freibäder und bekehrt sogar einen Kiosk. Man erklettert den Baum der Erkenntnis oder vergnügt sich beim sonntäglichen Bockspringen. Mal ist der Pfarrer, mal sind die Meßbuben der Bock. Zwischendurch wird sich viel mit Glaubenssalbe eingerieben, denn wer Glaubenssalbe nimmt, glaubt einfach an alles. Am Ende schneidet sich der Priester auf dem Opfertisch die linke Hand ab. Das ist aber nicht weiter schlimm. Jetzt kann er sich aus den Knochen ein Mobile basteln.

9–17

18–45

46–52

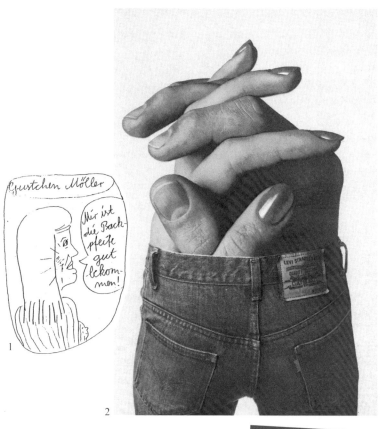

2 Hosenwerbung, siebziger Jahre.
3 Der Hildesheimer Dom.
4 Impression aus dem Vorspann.
5 Jürgen Höhne und Alexandra Schwarzt als Mann und Frau.

6

7

8

6 Der werdende Priester beim Bibelstudium: »Die Alte ist einkaufen.
  Jetzt kann ich es wagen. Jetzt kommt die Heilige Schrift auf den Tisch.«
7 Offenbarung des Johannes. Bibelseite von Wenzel Storch.
8 Das Buch Genesis. Bibelseite von Judith Stern.

9

10–12

13–15

»Das Wort Gottes soll nicht nur durch die Münder, es soll auch durch die Mündungen verbreitet werden. Denn es soll ja im Herzen landen.«

16, 17

10–12 Sonntägliches Bockspringen.
13–15 Ausflug ins Freibad.
16, 17 Die Meßdiener bekehren einen Kiosk.

18

19

20

18, 19 »Seit ich Glaubenssalbe nehme, glaube ich einfach an alles.«
20 »Dieser junge Mann sucht Gott, den Schöpfer des Himmels und der Erde.«

21–23

24–26

27–29

30–32

21–45 Wenzel Storch auf der Suche nach Gott. Schützenfest Hildesheim, 1986.

24   »Bist du Gott?«

30   »Bist du mein Schöpfer?«

39   »Baby, bist du Gott?«

42–45 Ein Passant fischt den Gottsucher mit einem Regenschirm von der Straße.

33–35

36–38

39–41

42–44

45

46–52 Predigtszene, Storyboard.

Wie bekommt man für ein solches Projekt eine Finanzierung?

Das Drehbuch habe ich an das Hamburger Filmbüro geschickt, um an Filmförderung ranzukommen. Ich hatte einen Termin, da sollte ich dem Fördergremium näher beschreiben, was ich vorhatte. In der Jury saßen Conny Froboess, Hermann Peter Piwitt und so ein Typ, dessen Namen ich vergessen habe und der die ganze Zeit total böse geguckt hat. Die haben den Braten schnell gerochen und gemerkt, daß ich von nix eine Ahnung hab. Film hat mich grundsätzlich auch nicht besonders interessiert. Ich bin so gut wie nie ins Kino gegangen und hab mir im Fernsehen immer nur sowas wie »Die Waltons« oder »Ich heirate eine Familie« angeguckt. Jedenfalls hieß es dann: Dreh doch mal einen Probefilm, und wenn wir den gut finden, bekommst du vielleicht die Förderung. Für den Probefilm hatte ich drei Monate Zeit. Also habe ich angefangen, einen kleinen Film auf Super 8 zu drehen.

Das war der Moment, wo ich zum ersten Mal eine Kamera in der Hand hatte. Zur Strafe kamen die ersten Super-8-Kassetten alle unscharf aus der Entwicklung zurück. Aber irgendwann weiß man dann, wie man scharfstellt, und drei Monate später habe ich ganz freudig in Hamburg angerufen: ich wäre jetzt soweit. Leider zu spät, denn es stellte sich heraus, daß das Geld

113

bereits verteilt war. Es sei aber noch ein kleiner Rest im Topf und die Jury noch drei Tage in der Stadt, ob ich innerhalb dieser drei Tage nach Hamburg kommen könne, um meinen Film vorzuführen.

Weil ich dem Probefilm nicht traute, wurde in Windeseile ein kleines Theaterstück einstudiert. Über Nacht haben wir aus Latten und Stoff so eine wackelige Kasperbühne gezimmert, noch schön die Vorhänge mit sakralen Motiven aus Salzstangen beklebt, und sind nach Hamburg gefahren. Mit dem Pfarrer und den beiden Ministranten im Schlepptau, die vielleicht acht, neun Jahre alt waren. Und als die Meßdiener den Salzstangenvorhang aufziehen, kracht die ganze Bühne zusammen, das hat schon mal für gute Stimmung gesorgt.

Wir haben dann eine Szene vorgeführt, wo der Pfarrer den Meßdienern aus Zeitschriften ein leckeres Mittagessen ausschneidet. Wurstscheiben und Nudeln 53–55 aus Papier. Der Pfarrer erklärt den Buben, daß die Negerkinder in Afrika nicht mal eine Schere haben, um sich eine kleine Mahlzeit auszuschneiden. Dazu nimmt er ein Fußbad in einer Wanne voll mit Coca-Cola, und diese Cola reicht er den Buben zwischendurch mit einem Schöpflöffel zur Erfrischung. Jedenfalls trinken die Meßdiener vor den Augen des Fördergremiums andächtig ihre Fußbad-Cola, und ich hab noch im Ohr, wie Hermann Peter Piwitt meint: »Ah, das ist jetzt Brot und Wein.«

Es gab also schlußendlich eine Förderzusage?

Ja. Das Problem war, daß es nur 37.500 Mark waren, das war dieser besagte Rest. Davon wollte ich einen abendfüllenden Spielfilm für die ganze Familie drehen, mit tollen Kulissen und Spezialeffekten. Einen Film, den ich – obwohl ich vom Kalkulieren keinen Schimmer hatte – auf 300.000 Mark kalkuliert hatte.

Ich mußte mich nun entscheiden: Drehe ich für 37.500 Mark, obwohl eigentlich klar ist, daß das nicht klappen kann, oder verzichte ich drauf und dann war's das? Also habe ich gesagt: Na gut, ich mach das jetzt einfach. Mit der Förderzusage und den Meßdienern, die eben noch bester Laune ihre Cola getrunken haben, sind wir dann zurück nach Hildesheim gefahren. Am nächsten Morgen war hier der Teufel los, wegen der Geschichte mit dem Fußbad. Es gab eine Art Tribunal, und das hat dazu geführt, daß die Kinder nicht weiter mitmachen durften.

Jetzt hatte ich zwar eine Förderzusage, aber keine Meßdiener mehr. Ein paar Monate später ist dann auch noch der Pfarrer ausgestiegen, weil er den Eindruck hatte, daß wir ihn beim Drehen immer auslachen. Also war mitten im Film der Hauptdarsteller weg. Die Rolle hat dann Jürgen Höhne zu Ende gespielt. Der war damals LKW-Fahrer und hat Tanklaster von Hamburg nach Marseille kutschiert, und wenn er mal ein freies

56, 57

Wochenende hatte, haben wir gedreht. Es fehlte ja
noch der Anfang und der Schluß – wie der werdende
Priester seine Frau verläßt und wie er zu ihr zurück-
kehrt. Zunächstmal haben wir uns bei Bier und Schnaps   ⁵⁸
im Partykeller seines Vermieters getroffen. Da hab ich
ihn mit der Rolle vertraut gemacht, hab ihm erklärt,
wie er sich in den jungen Priester verwandelt. Am Ende
ist dann noch der Vermieter dazugestoßen und hat seine
Muckis gezeigt. Das war 'n schöner Abend.   ^{59, 60}

Jedenfalls, das stand so alles nicht im Drehbuch.
Aber der Film sollte ja auch nicht die Verherrlichung
des Drehbuchs sein … Und so ist eben vieles aus der
Not geboren.

Womit wir bei den Kulissen wären.

Wenn die Ausstattung nichts kosten darf, dann bleibt
nur der Sperrmüll. Ich glaube, es gab damals in Hildesheim nicht einen Container, in dem ich nicht herum-   ⁶¹
gekrochen bin. Das haben bei uns im Viertel viele
gemacht, das gehörte zum Stadtbild. Einfach mal nach-
gucken, ob da was Gutes drin liegt.

Und so ist das Gewand des Oberministranten in
Wirklichkeit eine abgehäutete Matratze vom Straßenrand. Oder der Arm des Pfarrers, als er seine Hand
opfert: eine Damenstrumpfhose, mit Hundefutter
gefüllt. Einfach alles immer irgendwie zusammen-

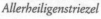
53

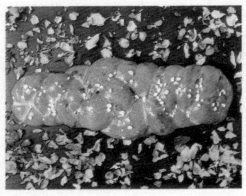

Allerheiligenstriezel

54

55

53 »Und das Wort ist Fleisch geworden …«

56 »Herr Pfarrer! Herr Pfarrer! Wo bist du?«
57 »Grüß euch Gott, ihr Buben!«

57

58

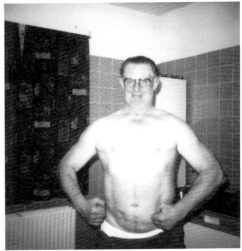

59

60

58 Höhne und Storch im Partykeller.
59, 60 Jürgen Höhnes Vermieter.

geschustert. Ein paar Klorohre vom Schrottplatz und ein paar Briketts als Tasten: fertig ist die Kirchenorgel. Neulich habe ich eine Notiz wiedergefunden, daß die Meßdiener die Orgel heimlich an die Kanalisation anschließen sollten, damit beim Hochamt Scheiße aus den Orgelpfeifen tropft. Finde ich heute noch bedauerlich, daß wir das nicht gemacht haben. Naja, eine von tausend kleinen Ideen, die nie realisiert wurden.

Welche Rolle spielte das Drehbuch?

Das Buch ist in vielen kleinen Sitzungen entstanden, zusammen mit Thomas Krügerke. Das ist der Pseudo-büßer, der nach dem Hochamt mit Brennesseln ausgepeitscht wird. Der ist in einem katholischen Internat aufgewachsen und kennt sich in Fragen des Glaubens prima aus. Aus dem sind die Einfälle nur so herausgepurzelt.

Das Drehbuch war ursprünglich 64 Seiten dick, und davon haben wir am Ende vielleicht drei, vier Seiten verfilmt. Der Rest war mit dem bißchen Geld einfach nicht zu machen. Ich hab alle Szenen rausgestrichen, in denen größere Kulissen vorkamen oder für die mehr als fünf Darsteller nötig waren. Da blieben dann eben drei Seiten übrig, und damit kann man unmöglich einen ganzen Spielfilm füllen. Also mußte man sich ständig was Neues ausdenken, und so wie die Einfälle heraus-

62

63

purzelten, so wurden die dann verfilmt. Wie es gerade kam. Wenn zum Beispiel die Idee auftaucht, eine alte Matratze mit Schmalz einzureiben und darauf ein Haus aus Wurst zu errichten, dann wird das eben gemacht. Als das Wursthaus fertig ist, fällt dir plötzlich auf, daß du gar keine passende Handlung für dein Wursthaus hast. Egal, in dem Augenblick kommt dir schon der nächste Quatsch in den Kopf, also wird lieber erstmal was anderes gedreht. Alles so holterdipolter. Immer munter an einem Film herumgebastelt, von dem man überhaupt nicht weiß, wie das hinterher zusammenpaßt. Das war die große Frage am Ende des Tunnels.

Das hat keinen gestört, daß niemand wußte, was daraus werden sollte?

Man dachte eben: wird schon werden. Das entsprach auch dem, wie man damals so gelebt hat. Die eigene Welt, die Art, wie man gewohnt hat, das war auch total wackelig und zusammengeschustert – nicht viel anders als die Kulissen.

Eine Sache, an der wir uns total verhoben haben, war die große Expeditionsszene. Da hätten wir gleich eine Trickszene draus machen sollen, dann hätt's vielleicht hingehauen. Besonders heikle Szenen wurden ja immer gleich in Trickszenen umgewandelt. Mitten im Film fällt zum Beispiel ein von Gott verlassener Frosch über ein unschuldiges Schulmädchen her. Das wäre mit 64–66 echten Schauspielern nur schwer darzustellen gewesen.

In dem Fall ging's um eine Expedition ins Rote-Bete-Massiv. »Auf diesen Felsen hat der Apostel einst die heilige Kirche gegründet«, predigt der Priester. »Doch die ersten Christen wurden bitter verfolgt, und der Stein färbte sich rot von dem Blut der Gesteinigten.« Aus dieser großartigen Expedition wurde im Film dann leider nur ein Ausflug ins nächste Schwimmbad, eingeleitet durch ein albernes Stoßgebet: »Laßt uns beten, daß das Wasser schön warm ist – und daß die Badehose nicht kneift – und daß die Fischlein nicht ins Wasser pissen.«

So ein seltsamer Rote-Bete-Subtext, eine Art Rote-Bete-Mythologie, zieht sich durch das halbe Drehbuch. Und ich vermute, daß das daran lag, daß der Ohm, wie Thomas Krügerke mit Spitznamen hieß, öfters Rote Bete gekocht hat. Wir haben ja nicht oft warm gegessen, 67 und wenn, gab's entweder Stampfkartoffeln oder Rote Bete … Im Grunde wurde nur eine einzige, ewig lange Dialogszene gedreht. Da ging's darum, daß evangelische Eiferer einen Tunnel durch den heiligen Berg treiben wollen. »Gewaltige Summen wurden in das Unternehmen gesteckt«, behauptete das Drehbuch, »und eines Tages konnten tausende von Autos probeweise in den halbfertigen Stollen einfahren. Doch da geschah das Unfaßbare. Gott ließ die Rote Bete über den Autos zusammenschlagen.« Eigentlich hätte nun das tote Gebirge lebendig werden und die Autos der Frevler verschlingen müssen. Etwa hier haben wir das Ganze dann abgebrochen, weil uns das total überfordert hat.

Ein gutes Beispiel ist auch das »Wursthaus im Spes-
68 sart«. Ich war damals ein Jahr lang Vegetarier, und als Vegetarier ekelt man sich ja vor Wurst und Fleisch. Ich wollte unbedingt eine Szene drin haben, in der alle möglichen Wurstsorten vorkommen. Also haben wir eine Matratze mit Schmalz grundiert und darauf ein
69 Haus aus Wurst errichtet. Trittsteine aus Rotwurst, eine Dachrinne aus Gehirn, Dachziegel aus Brühwurst. Die Fenster waren liebevoll aus Sülze gefertigt, dahinter flackerte ein Teelicht. Das Dumme war nur, es gab keine Handlung. Es gab nicht mal Fahrzeuge, die durchs Bild rollen. Wenn wenigstens ein kleines Rennauto vorbeigezischt wär, Jochen Rind in seiner Sülzkarre, irgendwie sowas ... Wir haben das Wursthaus dann einmal mit der Kamera abgeschwenkt und wegge-schmissen. In dem Stil ist damals viel gelaufen.

Ich brauchte mal für einen Kurzfilm Skulpturen, Bauwerke aus Hackfleisch. Um zur Herstellung des Weißen Hauses Geld zu sparen, haben wir eine dünne Schicht Hackfleisch auf die Vorderseite eines Kartons aufgezogen. Die Schicht ist dann aber immer abgefallen.

So ist das ja immer. Unsere Kulissen waren immer kurz nach Drehbeginn kaputt. Wenn wir Glück hatten, hielten die bis zum Ende der letzten Einstellung. Und oft sah das so scheiße aus, daß man das keinem zeigen konnte. Das macht dann aber auch den Charme aus. Im Nachhinein ist man dann meist wieder froh, daß alles so schön schiefgelaufen ist.

Das Wursthaus wurde dann ziemlich bald zu Grabe getragen, denn unter den Filmlampen fing die Matratze tierisch an zu stinken. In einem alten Einkaufswagen von Real-Kauf, die lagen ja überall im Viertel herum. 70, 71 Es war ein typischer Sonntagnachmittag, hier und da kam einem ein Spaziergänger entgegen, und wir fuhren mit unserer Wurstmatratze Richtung Teich. Der war gleich um die Ecke, dort haben wir die Matratze dann zu Wasser gelassen. Es war wie in einem alten Holly- 72 woodfilm: Wir standen am Hang der Steilküste und schauten hinab auf die Wurstlandschaft, und die Wurst-landschaft trieb langsam auf den Ozean hinaus.

Wenn ich daran denke, wieviel Sachen wir nur zur Hälfte gedreht haben … Wo wir irgendwann gemerkt haben: Mist, die Szene ergibt eigentlich gar keinen Sinn. Der nächste Gedanke war dann immer: Egal, die Sinnfrage vertagen wir auf einen späteren Zeitpunkt. 73–75 Beim Schnitt würde einem schon noch einfallen, was die Bilder zu bedeuten hätten. Auf die Art wuchs allmählich ein Berg von Super-8-Filmen, und aus diesem Materialberg hat Iko dann den *Glanz dieser Tage* zusammengeschnitten.

76–89

Waren unter den weggelassenen Drehbuchseiten welche, die Dir besonders am Herzen lagen?

O ja. Zum Beispiel die Sache, wie der Priester vom Spielteufel gepackt wird. Wie er seine Gemeinde an einen Bauern verliert, beim Kartenspiel. Der steht am nächsten Morgen mit dem Trecker vorm Altar, um den geweihten Boden in fruchtbares Ackerland zu verwandeln. Und als die Gläubigen die Kirche nicht räumen wollen, fackelt er nicht lange und zählt bis drei. Wer dann nicht draußen ist, wird untergepflügt. Das hätte sicher eine schöne und turbulente Szene ergeben.

Oder die Episode, wo ein Gemeindemitglied Brustkrebs kriegt und der Pfarrer eine Tittenbeerdigung feiert. Die Grabsteine waren bereits gebastelt und standen noch monatelang sinnlos in meinem Zimmer herum. Ich weiß noch, die linke Titte – das war die, die zuerst stirbt – wollten wir aus Vanillepudding kochen, mit 'ner Kirsche obendrauf. Die sollte in einem Römertopf beerdigt werden. Der Gedanke ist später in *Sommer der Liebe* noch einmal aufgenommen worden, als Oleander, der Klosterschreck, in einem riesigen Römertopf beigesetzt wird.

61

62

63

62 Thomas Krügerke.
63 Der Regisseur vor unlösbaren Drehbuchproblemen.

64

65

66

64, 65 Wollüstig fällt ein von Gott verlassener Frosch über ein unschuldiges
Schulmädchen her.

66 Warnschild von Diet Schütte.

67

68

69

67 Essenfassen: Storch, Schütte, Krügerke, Röthig.
68, 69 Das Wursthaus im Spessart.

70 Auf den Grünflächen blühen – nicht nur im Frühling – die Einkaufswagen.

73–75 Die Sinnfrage vertagt man lieber auf einen späteren Zeitpunkt. Beim Schnitt würde einem schon noch einfallen, was die Bilder zu bedeuten hätten.

76, 77 Zwischen den Drehtagen wird fleißig der Filzstift geschwungen, denn *Der Glanz dieser Tage* soll auch die Zeichentrickfreunde ins Kino locken.

79 Ein Bus wird kommen. Vorlage für eine nicht realisierte Zeichentrickszene.

80 Maske, um das Motiv von hinten zu beleuchten.

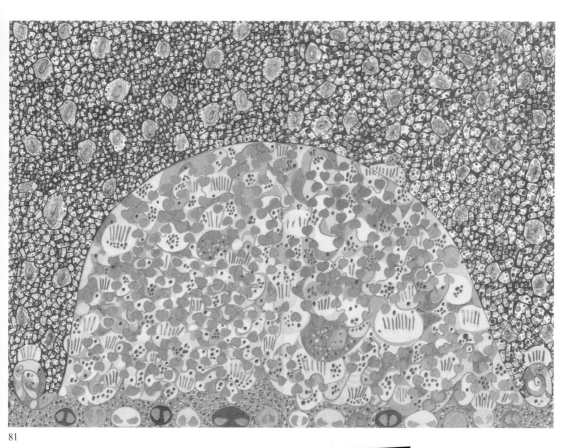

81

82

83

85 »Die Frau bastelt eine Zeitmaschine. Sie will in die Zeit reisen, als der Mann sie noch lieb hatte.«

86 Stairway to Heaven.

87

68 BRAVO-LIEBES-LEXIKON

88

89

88 Mutti ist die beste. Legetrick, der erst 24 Jahre später – im Musikvideo »Altes Arschloch Liebe« – Verwendung findet.
89 Pfarrei des Grauens.

Schade um diese stimmungsvollen, oft sehr romantischen Sachen. Aber so ist das, wenn man ein unverfilmbares Drehbuch verfilmt … Das war ja eine Vorlage, die eigentlich nur Profis umsetzen können, mit tausend Kränen und was man da alles braucht. Stattdessen standen da vier, fünf Leute mit 'ner Tube Pattex.

Was bei *Der Glanz dieser Tage* auffällt: Vieles wirkt theatral, es gibt immer diesen Behauptungscharakter – wir sagen, das ist ein Altar und dann ist er das. Hätte es auch Theater sein können?

O wei, bloß nicht. Wenn es eine Verwandtschaft mit Theater gibt, dann vielleicht mit Bauerntheater. Aber was den Behauptungscharakter angeht, das stimmt natürlich. Im Mittelpunkt der Handlung steht ein Pfarrer mit seinen Meßdienern. Viele Szenen spielen also im Haus des Herrn. Aber wo nimmt man nun eine 90, 91 Kirche her? Alles heimlich an einem geweihten Ort filmen? Das wär nicht gegangen, obwohl wir für die Außenaufnahmen dann doch den Hildesheimer Dom 92, 93 genommen haben.

Also wurde auf dem Dachboden der Altar aufgebaut. Als Altartuch diente ein altes Bettlaken, mit Salzbrezeln beklebt. Das Aufkleben hat ewig gedauert, mit so einem total giftigen, stinkenden Kleber. Und während meine Freundin das Altarkreuz gebastelt hat, ein Gebilde aus 94, 95

Mäusespeck und Liebesperlen, habe ich versucht, aus einem alten Pappkarton den Tabernakel zusammenzuleimen. Der wurde mit Naschwerk – mit gebrannten Mandeln und Marmeladenkeksen – verziert. Als wir ein paar Tage später filmen wollten, erwartete uns eine böse Überraschung. Die Kekse waren verschwunden und man sah nur noch die Klebestellen. Alles andere hatten die Ameisen runtergefressen und weggeschleppt.

Die Kanzel war einfach der Deckel einer alten Truhe vom Dachboden meiner Oma. Um den Deckel ein bißchen aufzuwerten, haben wir Schlagsahne obendrauf gesprüht. In dem Moment wußte man schon, daß das nicht funktionieren kann, aber man hat es eben trotzdem gemacht. Die Sahnetupfer sahen durch die Kamera fast wie Stuck aus, sind aber unter den Filmlampen sofort geschmolzen.

Das also war das Interieur. Komischerweise fällt den meisten Leuten gar nicht auf, wieviel da eigentlich fehlt. Als der Priester sich im Predigerrausch die Hand abschneidet, gibt es zum Beispiel gar keine Gläubigen, die ihm dabei zugucken. Es gibt auch keine Kirchenbänke. Kirchenbänke wären viel zu aufwendig gewesen, außerdem hätten wir gar nicht gewußt, wen wir da draufsetzen sollen. Heute denke ich, wieso sitzen da eigentlich nicht die Leute vom Kiosk? Das hätte dem Film sicherlich gutgetan, andererseits: 20 Trinker auf unseren Dachboden zu lotsen und vor laufender Kamera zu dirigieren, das hätte uns logistisch überfordert. Und so schlägt der Pfarrer sein Kreuz im leeren Gotteshaus – wie es heute ja viele Priester tun.

Was wir immerhin hatten, war eine Orgel. Die haben wir auf dem Heuboden meiner Urgroßtante zusammengebaut, aus dem, was da so rumlag. Aus Obstkörben, Saftflaschen und Briketts. Erst später kriegte ich mit, daß es ganze Kunstrichtungen gab, die nach diesem Prinzip vorgehen: als ich mich in Bielefeld in eine Arte-Povera-Ausstellung verirrte, auf der, ganz wie bei mir zu Hause, lauter leere Bierflaschen herumstanden, allerdings weiß angemalt.

Nach und nach wanderte alles in die Orgel, was in der Scheune herumlag und halbwegs feierlich aussah. Deshalb sind die Tasten auch lauter Briketts. Als Orgelpfeifen haben wir uns dann ausrangierte Klorohre vom Schrottplatz geholt. Das paßte zum Drehbuch, dort stand: »Der Orgelspieler hat einen Vertrag mit der Augsburger Puppenkiste.«

Den Orgelspieler, der im Film nicht an Fäden, sondern an Wäscheleinen hängt, spielt Baron von Lallu, ein gerngesehener Gast im Tante-Emma-Laden. Baron von Lallu ging selten ohne Waffe aus, irgendwas, Messer oder Peitsche, mußte immer dabei sein. Speziell mit der Peitsche wurde dann ordentlich rumgeschockt. Einmal hab ich ihn dabei beobachtet, wie er vorm Puff stand und versucht hat, die Nutten herbeizupeitschen.

96, 97

Das war ein echter Baron?

Ach was. Aber er war, wie alle Blaublütler, immer picobello gekleidet. Und allen Drogen dieser Welt von Herzen zugetan. Er hatte panische Angst davor, verheiratet zu werden, ständig waren irgendwelche Frauen hinter ihm her. Und er hatte einen wahrhaft goldenen Humor. Als ich ihm das letzte Mal begegnet bin, das muß noch vor der Jahrtausendwende gewesen sein, hatte er eine schwankende Figur im Schlepptau, die er wie ein Wundertier vorzeigte: »Darf ich dir meinen Sohn vorstellen?« Dabei verbeugte er sich wie ein Zirkusdirektor. »Er taugt nicht viel, aber vielleicht ist er ja gut im Bett.«

Sein Meisterstück bleibt, wie er Ende der Siebziger, nach Fremdenlegion und diversen Knastaufenthalten, einen vollwertigen Panzer aus einer Hildesheimer Kaserne geklaut hat. Damit wollte er die damals noch existierende DDR angreifen, die ihm ein Dorn im Auge war. Danach spukte er als »Köpenick von der Innerste« durch die Lokalpresse. Die Aktion hat ihm drei Jahre Zuchthaus eingebracht. Es ging um Landesverrat und Amtsanmaßung, und wohl auch um diverse Verstöße gegen die Straßenverkehrsordnung.

Dabei hatte alles ganz lustig angefangen, mit einer Wette im Tante-Emma-Laden. Infolge der Wette versammelten sich Knüppi und Co. vor der Kaserne und machten es sich auf der gegenüberliegenden Böschung bequem. Lallu, der sich bei Räer, dem Hildesheimer Militarialaden, eine Generalsuniform besorgt hatte, stolzierte durchs Kasernentor, und tatsächlich, nach einer halben Ewigkeit fliegt das Tor wieder auf und es bietet sich folgendes Bild: Ein Jeep rollt auf die Straße, drinnen sitzt der Baron – wird natürlich chauffiert, hat ja keinen Führerschein –, dahinter ein ausgewachsener Panzer. Auf geht's Richtung Grenzübergang Helmstedt. In einem Wäldchen vor Helmstedt muß der Baron dann Angst vor der eigenen Courage gekriegt haben, er läßt Halt machen und verschwindet im Gebüsch.

Mit Lallu haben wir auch mal Musik gemacht. Das Ergebnis – tösendes Industrialgeschepper – ist 1985 unter dem Titel »Baron Lallu fährt Bimmelbahn« auf PKK erschienen, auf dem Kassettensampler »Hey Wenzel«. Man kann unmöglich sagen, wer bei der Aufnahme was macht, sicher ist nur, daß Lallu singt. Und zwar sein Lieblingslied:

Wenn der Lude mit der Tilli in der Kleinbahn fährt,
Und die Kleinbahn macht bimbim,
Spricht der Lude zu der Tilli: Ich bepiß dich mit der Nilli,
Daß du abschwimmst nach Berlin.

So ging die erste Strophe, die wegen des Krachs kaum zu verstehen ist. Da wir uns einen Riesenhit

98, 99

erhofften, wollten wir sofort eine Autogrammkarte herstellen. Dafür wurde ein Photo geschossen, das den
100 Kapellmeister in französischer Manier, als Casanova mit Rose und Gitarre, zeigt.

Doch zurück zur Kirchenorgel. Am Ende der großen Predigtszene, die vom »Wunderbau unseres Leibes« handelt, schneidet der Priester sich, umtost von Orgel-klängen, die Hand ab. Mit einem Küchenmesser, eine ziemliche Prozedur … Das ist der dramatische Höhe-punkt des Films und eine Verbeugung vor Resl von
101 Konnersreuth, der großen Stigmatisierten der Nazi- und Adenauerzeit. Was aber kein Mensch kapiert hat. Muß man ja auch nicht, man kann sich auch einfach über das spritzende Blut freuen … Resl von Konners-reuth war die Grande Dame des katholischen Grand Guignol, der größte Hardcore-Star der Oberpfalz. Die trug die Wundmale Christi am Leib und hat, immer wieder freitags, aus allen Löchern geblutet. Mit 13, 14 hat die mich ziemlich angetörnt. Vielleicht, weil
102 sie mich von der Optik her stark an Alice Cooper erinnert hat.

In *Der Glanz dieser Tage* läßt du das komplette klerikale Panoptikum aufmarschieren. Teilweise gewinnt man den Eindruck, die Off-Texte wären aus irgendwelchen Meßdiener-Lehrbüchern abge-schrieben.

Der neue Mensch

90

Baut jeden Abend an seiner Strohhalmkirche.

91

92

93

94

95

92, 93 Der Pfarrer bekehrt einen Heiden mit dem Taufhammer.
94   Opfertisch mit Mäusespeckkreuz, hinten rechts der Tabernakel.
95   Der Spielleiter mit Mäusespeckkreuz.

96

97

96, 97 Baron von Lallu.

98

99

100

98, 99 Lallu und Hannelore.
100 »Baron Lallu fährt Bimmelbahn«. Autogrammkarte.

»Und wie, liebe Kinder, hieß die schreckliche Krankheit, die der kleine Sylvio hatte? Augenphimose! Bei Augenphimose wachsen ganz langsam die Augenlider zusammen. Deshalb müßt ihr euch immer gründlich dort oben waschen. Wollt ihr mir das auch versprechen?«

101

102

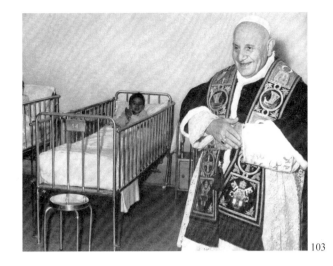

103

104

105

104 Die Vorlage: Ein Brevier mit Papst-Anekdoten.
105 Der Papst tröstet Augenphimose-Patienten.

Ja, da sind gut versteckte Zitate im Spiel. Um bei der Predigt nichts falsch zu machen, habe ich sie einem Fachbuch entnommen. Die Worte stammen von Berthold Lutz, dem Oswalt Kolle der katholischen Sexuallehre. Der hat Aufklärungs- und Anstandsbücher mit verträumten Titeln wie »Die leuchtende Straße« und »Das heimliche Königreich« verfaßt. Immer schön nach Geschlechtern sortiert, mal eins für Mädchen, dann wieder zwei für Jungs. Das sind Klassiker der Sexualmystik, die der Kirche heute peinlich sind – fleckige, schiefgelesene Schmöker, in denen Meßdiener und Kapläne in verwunschenen Wäldern Fesselspiele veranstalten und es auch sonst recht munter zugeht. In »Die leuchtende Straße«, seinem Debüt von 1950, entführt der junge Priester seine kleinen Leser in üppig knospende Gärten voll frischgrüner Stengel und schwellender Kelche. Ein fröhlicher Fabulant, der in Kleinkinderdeutsch zugeknöpfte Hosenställe besingt, aber auch gern die Triebwerke heulen läßt, denn Lutz war vor der Weihe Bomberpilot.

Als *Der Glanz dieser Tage* 1990 ins Kino kam, hatte ich mich ausführlich beim großen Lutz bedient. Dreimal habe ich ihn zitiert, am Anfang, in der Mitte und am Schluß. Niemand hat's gemerkt, und dem Film hat's gewiß nicht geschadet. Schon die Begrüßungsformel – »Kehre um, wenn der Film nicht so ist, daß deine Mutter dabei sein dürfte!« – war lupenreiner

Lutz. Und so war es mir eine große Freude, als ich 2010 für »konkret« eine sechsteilige Serie über die bayrische Eminenz schreiben durfte. Quasi als Verbeugung vor einem großen Gedankengeber, Textschenker und Anfeuerer.

Die geopferte Hand, war das der erste Spezialeffekt?

Sozusagen. Auf den Standfotos kann man sehen, wie eng wir uns an die anatomischen Lehrbücher gehalten haben. Daß der linke Arm doppelt so lang ist wie der rechte, lag einfach daran, daß wir die Schläuche verstecken mußten. Wobei der Stumpf ein mit Hundefutter gefüllter Joghurtbecher war, der in einen Stützstrumpf überging, der ebenfalls mit Hundefutter gefüllt war und durch den die Schläuche in einen versteckten Kanister liefen.

Die Strumpfhose haben wir abends zum Trocken ins Fenster gehängt, wo sie noch wochenlang im Wind geschaukelt hat. Zur Freude der Nachbarn.

»Der Dienst am Tisch des Herrn ist für den Meßdiener eine Zeit der Entdeckungen. Was immer diese Entdeckungen auch zutage fördern, der Meßdiener bewahrt es sich bis ins hohe Alter hinein froh im Herzen. Nicht zufällig befindet sich die größte Popelsammlung der Welt im Vatikan, bewacht von einem Königstiger ...«

Mit diesen Worten beginnt die große Popelszene. Weil sich Meßdiener, wenn sie sich langweilen, gern mit gefalteten Händen in der Nase bohren – habe ich selbst am Altar oft gemacht –, war eine Popelszene quasi Pflicht.

Zum Auftakt sieht man, wie zwei Meßbuben sich in der Nase pulen. Bevor die Popel ihre Reise in die Ewige Stadt antreten, wird der Schleier von der größten Popelsammlung der Welt gezogen: Die Kamera fährt in die Katakomben von Sankt Peter, wo in einem Seiten- kabinett der berühmte goldene Popel aufgebahrt ist – ein Popel »so alt wie die Kirche«. 119–124

Ursprünglich sollten es wie beim Kreuzweg 14 Stati- onen sein, soviel haben wir aber nicht geschafft. Unter anderem sieht man, wie zwei Popelschmuggler eine schwere Kiste durch den Urwald wuchten. Dabei be- wegen sich gelbe, grüne und braune Popel durchs Bild, Beutestücke aus aller Welt. Dann geht die Reise per Schiff weiter, und es wird ein alter katholischer Shanty zum Vortrag gebracht. 125–127

Das sind die Popel, Popel
Aus unsrer Nase,
Wir opfern sie gern
Für unsern Herrn.

128 Die Kasperlethematik trieb immer neue Blüten. So wollten wir Szenen drehen, wie Cowboys wilde Popel mit dem Lasso einfangen. Die Popelherden sollten dann zur Popelranch getrieben und dort gezähmt und zugeritten werden. Es gab auch eine Musicalszene. »Weil frische Popel eingetroffen sind, läßt der Papst die Puppen tanzen.« Dabei ist die Kulisse halb kaputt-gefilmt worden, wie so oft. Am Ende war ja fast immer 129 alles im Eimer, oder es ist, wie die Ewige Stadt, in Flammen aufgegangen.

Das war zu der Zeit, als wir in der Lokalpresse unsere Titelgeschichte hatten, als »Schandfleck der Stadt«. Unsere Tage am Stadtrand waren gezählt, und kurz vor dem Abriß hätten wir das Backsteinhaus aus Versehen fast selber abgefackelt. Auf dem Dachboden hatten wir die Ewige Stadt nachgebaut. Die Häuser 130 waren kleine Bischofsmützen aus Papier, und in jedes Häuschen haben wir eine 100-Watt-Birne reingesetzt. Die Birnen waren in Reihe geschaltet, die hingen alle an einem Kabel. Völlig irrsinnig, denn die Kulisse war 131, 132 aus Watte, und unter der Watte lagen alte Matratzen. Das sah prima aus, aber es war auch klar, daß das absolut feuergefährlich ist, und in diesem Gefühl der Gefahr dreht man dann drauflos. Leider vergißt man die Gefahr schnell, wenn nichts passiert.

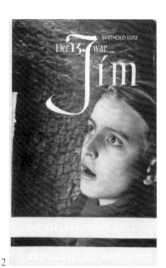

106 Mit seinen Aufklärungs- und Anstandsbüchern erfreute er Buben wie Mädchen: der Expilot und Jugendseelsorger Berthold Lutz.

107 Fibel von 1954.

108 »Ein Firmungsbuch für Jungen, so spannend wie ein Kriminalroman«.

109 »Ein Jungmädchenbuch von den Triebkräften des Lebens«.

110 Ab der dritten Auflage erschien »Briefe an Ursula« mit dem fröhlichen Lustschaukelcover.

111 Der erste Band der »Frechdachs«-Reihe.

112 Kinderkrimi, so raffiniert konstruiert, »daß einem beim Lesen vor Spannung bald die Hose platzt«.

»Manchmal kommt es vor, daß das männliche Glied, das ebenfalls zu den Geschlechtsorganen gehört, besonders stark durchblutet wird. Das ist dann ein unangenehmes Gefühl …« Berthold Lutz, »Die leuchtende Straße«

113

114

114 Ein Blumenstrauß verbirgt die unschöne Durchblutung.

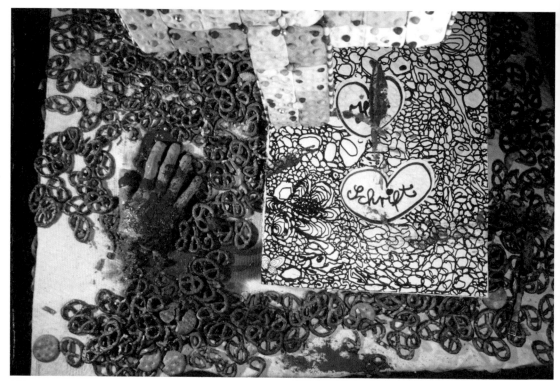

116

115 Opfertisch mit geopferter Hand und Heiliger Schrift.
116 Im Arm des Pfarrers verbirgt sich eine mit Hundefutter gefüllte Damenstrumpfhose.

117

118

119–121

122–124

119–121 Popelnde Meßdiener.
122–124 »Zuerst witzig, später eklig persifliert Wenzel Storch religiöse Bräuche, läßt
Kinderhände als Akt der Buße von Autos zerquetschen …« Neue Presse, 9.6.1990.

125

126

127

128

125 Don Popelina und Donna Popeletta sind mit kostbarer Fracht unterwegs zum heiligen Hafen.

126 Vom heiligen Hafen werden die kostbaren Popel mit speziellen Popeldampfern über den großen Teich ins heilige Land verschifft.

127 Schließlich werden die Popel per LKW in die Ewige Stadt transportiert.

»Fast alles, was für den Film gebraucht wurde, war fünf Minuten bevor es losging fertig und war danach kaputt.« Thomas Krügerke

129

130

131

132

129 Ende eines Drehtages.
131 Die Skyline von Rom.

Die Szene war fast fertig gedreht, ich bin nur kurz runter in mein Zimmer, um den Super-8-Film zu wechseln. Als ich wieder hochkomme, höre ich auf der Treppe so ein Wutsch-Geräusch. Und schon steht die Kulisse meterhoch in Flammen. Der eine versuchte noch, mit Bier zu löschen, was da eben so rumstand, der andere versucht panisch, das Feuer mit einer Matratze zu ersticken, aber das war alles völlig sinnlos. Am Ende kam die Feuerwehr mit zwei Löschzügen, um die brennenden Kulissen aus dem Fenster zu schmeißen. Dann kam die Kripo und wollte wissen, wie das passieren konnte. Und das wußten wir natürlich nicht, sonst hätten wir den Einsatz bezahlen müssen.

»*Der Glanz dieser Tage* feiert nicht nur die Liebe zur heiligen Dreifaltigkeit, er singt auch ein Hohelied auf das Leben zu zweit, das im Sakrament der Ehe seine Erfüllung findet.« Das sagt Rocko Schamoni, der Off-Erzähler im Making-of. Dazu sieht man Bilder, die Glanz und Schönheit des Ehelebens zeigen.

Auch wenn ein Schatten auf ihr Glück gefallen ist, am Ende darf für den Pfarrer und seine Frau wieder die Sonne scheinen. Der Priester kehrt in das kleine Häuschen am Waldesrand zurück, in dem alles angefangen hat. Das macht den Film zur Propaganda für

133–137

138

die schönste Sache der Welt: für die heilige Institution
der Ehe.

Das Häuschen hab ich an einem Nachmittag zusammengenagelt, da hätte man bloß gegenpusten brauchen,
dann wär's auseinandergefallen. Eigentlich sah es eher
139   aus wie eine Hundehütte, weshalb viele Zuschauer
auch dachten, es wär als Kommentar gemeint: zur
Rolle der Frau im sakramentalen Bund. Nichts lag mir
ferner. Es ist wie mit dem Kirchturm, der irgendwo
aus dem Wasser ragt. Das war einfach ein aufgeklappter
Regenschirm, da hab ich ein paar Pappziegel drange-
klebt, fertig.

**Am Ende des Films steht in aller Keuschheit ein
Kuß. »Ich wußte nicht, daß Priester so küssen können«, haucht die Frau und bricht zusammen. Kurz
darauf ist etwas Kleines unterwegs.**

140   »Hoffentlich wird es ein Junge«, fleht der Mann und
gelobt: »Meinen eingeborenen Sohn schieße ich aus
141   lauter Liebe auf den Mond.« Doch das ist nur die halbe
Wahrheit: Ein herausgeschnittenes Schlußbild zeigt den
verwirrten Oberministranten, wie er sein Weihnachts-
geschenk auspackt, eine viel zu große Feinrippunter-
142, 143   hose. »Mein Großer! Ich wußte deine Größe nicht. Ich
hoffe aber, die Unterhose paßt Dir«, heißt es in dem
beiliegenden Brieflein, das mit »Dein Dich liebender

159

Düster und schmutzig ist das Zimmer. Aber die Liebenden sind glücklich

Liebende lehnen ab, was die Romantik stört

Der Liebe
steht der
Himmel offen

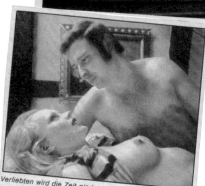

Verliebten wird die Zeit nie lang. Sie sind stets beschäftigt

Viele junge Paare sind so verliebt, daß sie glauben, nichts
auf der Welt könne einen Schatten auf ihr Glück werfen

133–137

138

139

139 Home Sweet Home.

140 Die Mutter spielt in der katholischen Mythologie eine wichtige Rolle.
141 »Meinen eingeborenen Sohn schieße ich aus lauter Liebe auf den Mond.«

142

143

143 Post vom Papst.

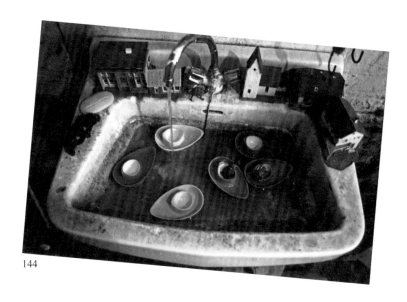

144

Folterkammer filmischer Idioten

„Der Glanz dieser Tage" scheint nicht so ganz auf diese Hütte abzufärben.

„Der Glanz dieser Tage": Was das lokale Werbeblättchen der hiesigen Kinos in der üblichen augenwischenden Tradition als „antiklerikale Satire" anpreist, ist weder Zeit noch (für zahlende Zuschauer) Geld wert. Ein absoluter Dilettant namens Wenzel Storch, der für diese geballte Sammlung Schwachsinn auch noch eine „lobende Anerkennung" bei den „Filmzwergen 90" erhielt, versammelt vor unseren geplagten Augen und Ohren eine Folterkammer kinematographischer Abfallprodukte, die ihm vom Berufsverband der Regisseure mindestens ein lebenslanges Verbot für die weitere Verunglimpfung hochwertigen filmischen Materials einbringen müßte. Ein Machwerk, Schundprodukt und „home movie", aus der Unterhose gefilmt, auch noch als Film auszugeben, ist so ziemlich der Tiefpunkt dessen, was je über unsere Leinwände flimmerte: Das Monopol will es so.

Handlung, Erzählung oder Bericht gibt es nicht, nur eine müde und todlangweilige, witzlose und banale Folge von Situationen, schlechten

CINEMA

Stop-Tricks, miesen Puppeneffekten und grölenden Unflätigkeiten. Die angestrebte Pose der antiklerikalen Aufklärung erweist sich als postpubertäre Idiotie eines rotznäsigen Pseudofilmers, der uns seine Hirnrissigkeiten auch noch als Gegenkunst verkaufen will. Nein, mon cher: Behalte deine Popelsammlung für dich und lerne erst mal, mit der Kamera umzugehen. Aber dazu langt es nicht, nicht einmal zur (schlechten) Imitation des Kasperle-Theaters. Armer Kasper. Absolute Zeit- und Geldverschwendung. Ihr seid gewarnt!　　　　　　GER

145

144 Der Hamburger Hafen.
145 »Westfälische Nachrichten« vom 16.11.1990.

147

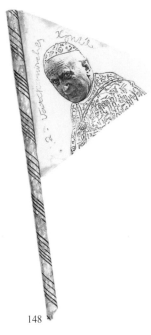

148

149

146 Sabine Meyer von den Fliegenden Unterhosen singt »Fünfzehn ist ein undankbares Alter«.
148 Fahrradwimpel.
149 Der Obermeßdiener hat eine Engel über den Haufen gefahren.

150 Filmplakat, erste Version.

ehemaliger Pfarrer« unterschrieben ist. Ein zweiter
Brief steckt in einem Napf voll saftiger Popel und ist
mit dem Wasserzeichen des Papstes verziert.

Damit war der Film fertig. Jetzt fehlte nur noch der
Hamburg-Bezug, um die Hamburger Filmförderung
zufriedenzustellen. Also wurde im Badezimmer, rund
um unser Waschbecken, der größte Seehafen Deutschlands errichtet. Links war der Golden Pudel Club und
rechts neben dem Wasserhahn der Michel zu erkennen.
Langsam trieben die Barkassen – gespielt von Eier-
bechern – in den Hafen hinaus, und ein toter Fisch, den
wir auf Draht gefädelt hatten, sprang munter im Hafen-
becken herum. Warum wir die Szene dann nicht genommen haben, weiß ich heute nicht mehr. Ich vermute, ich hatte den Hamburg-Bezug anderweitig erbracht.

Der Film kam aus dem Kopierwerk und ich dachte,
der kommt jetzt ins Kino. Dann stellte sich aber heraus,
daß kein Verleih den haben wollte, alle nur die Hände
überm Kopf zusammenschlugen. Eine Welle von
»WasistdasdennfüreinScheißdreck« ist uns entgegen-
geschwappt. Immerhin waren die Kritiken zum Teil
sehr lustig: »Postpubertäre Idiotie eines rotznäsigen
Pseudofilmers«, »Schundprodukt, aus der Unterhose
gefilmt«, so in dem Stil.

Dann meinte mein Freund Uli Bogislav plötzlich:
»Ich verleih den.« Als erstes kam er auf die Idee, einen
Sponsor anzuzapfen. Da zwei Spirituosen – der Schlehen-

144

145, 146

likör »Schlüpferstürmer« und der Brombeerlikör
»Busengrapscher« – im Film eine kleine Rolle spielen, 147
klopfte er beim Hersteller Gerhard Otto Plage in
Sarstedt an, ob der nicht Lust hätte, ein paar Fläschchen fürs Premierenpublikum zu spendieren. Am
Telefon hieß es noch jovial: »Klar, das machen wir«,
nur hatte Herr Plage den Film noch nicht gesehen.

Die Likörszene geht so: Der Pfarrer verspürt Verlangen nach seiner Frau und schickt seinen Oberministranten mit einer Erfrischung los. »Nimm dieses
Fläschchen ›Schlüpferstürmer‹ und bring es meiner
Frau. Meine Frau heißt Frau Schumann. Sie hat das
liebste verloren, was sie auf der Welt hatte, doch die
Versicherung will nicht zahlen. Das ist der sogenannte
Schumann-Effekt.« Als der Pfarrer ihn nicht mehr sehen
kann, leert der Meßbub das ihm anvertraute Fläschlein
selbst und hat darauf eine Vision – einen am Kreuze
hängenden, strahlend weißen Schlüpfer.

Befeuert von der Vision, besteigt er sein Fahrrad und
fährt einen Engel um: Die große Liebesszene beginnt. 148, 149
Nachdem Herr Plage sich den Videoausschnitt angeschaut hatte – wir hatten ihm sicherheitshalber nicht
den ganzen Film geschickt, die Szene war ja plump genug –, war erstmal Schluß mit lustig. Ein Einschreiben
mit Rückschein trudelte ins Haus, ob wir die Bilder
nicht aus dem Film entfernen wollten? Der Spirituosen-
fabrikant schäumte, sah seine Produkte »in geschmack-

loser Weise durch den Kako gezogen« und drohte mit einer Einstweiligen Verfügung. Dazu kam es aber nicht, weil der Regisseur, wie es am 14. August 1990 in der »Hildesheimer Allgemeinen Zeitung« hieß, »nicht zu fassen war«.

Als mein Freund Uli keine Lust mehr hatte, habe ich den Film selbst verliehen. Doch trotz Filmplakat und Trailer – ein Trailer, der »Blut, Haß und Nächstenliebe, Porno, Predigten und Verfolgungsjagden« versprach –, unseren Film wollte keiner sehen. Dafür wurden wir von der Freien Deutschen Jugend in die DDR eingeladen. In ein trauriges Nest hinter Karl-Marx-Stadt, wo es in der Glotze nicht mal Westsender gab. SED-Funktionäre bewirteten uns freundlich mit Leberwurststullen, um sich mit uns gemeinsam ihren ersten Westfilm im einzigen Filmclub der Stadt anzuschauen. Als sie unser Zeug begutachtet hatten, wurden sie patzig. »Schlecht gemacht! Kannste wegschmeißen!« hieß es. Als ich vorsichtig entgegnete: »Euer Land ist auch schlecht gemacht, könnt ihr auch wegschmeißen!« war der Teufel los, und wir suchten flugs das Weite. Das hatte also nicht geklappt.

SOMMER
DER
LIEBE

Sommer der Liebe
BRD 1992
89 Minuten
Farbe
8/16 mm BlowUp

O l e a n d e r Jürgen Höhne
J a s m i n Alexandra Schwarzt
B a r m h e r z i g e   S c h w e s t e r n Sara Mankau · Frauke Wilhelm · Katja Kiefer · Margret
Uhlenbecker
P o p w u r s t Fritzi Fritzi Korr
T r i e b t ä t e r Holger Müller
M e i s t e r   N a d e l ö h r Iko Schütte
D o k t o r   E i e r m a n n Matthias Hänisch
T o t e n g r ä b e r Stefan Grujic · Bernward Klimek
P o p w u r s t e s s e r Ralph Meyer
S t e h g e i g e r Frank Peters
S c h ü l e r Andrea Milde · Andreas D'Arrissi
T u r t e l t ä u b c h e n Majken Rehder · Thomas Krügerke
B r a t h a h n Ulrich Förster
J ü n g l i n g Oliver Müller
sowie 9 K a f f e e t a n t e n · 39 L a n g h a a r i g e · 64 T i e r e *

DIE STIMMEN
E r z ä h l e r Hans Paetsch
I g e l Fritzi Oster · Luise Wilhelm
P f e r d · B r a t h a h n Iko Schütte
B ü f f e l · M ä u s e · H u n d Ulrich Bogislav
K ä f e r Alexandra Schwarzt · Ulrich Bogislav

KAMERA SPIELLEITUNG PRODUKTION Wenzel Storch DREHBUCH Wenzel Storch · Frank
Peters · Iko Schütte AUSSTATTUNG Frank Peters · Thomas Krügerke MUSIK Diet Schütte ·
Iko Schütte · The Butterflies · The Details GERÄUSCHE SYNCHRONREGIE SCHNITT Iko
Schütte SYNCHRONSCHNITT Matthias Hänisch LICHT GRAPHIK STANDFOTOGRAPHIE
Bernd Röthig AUFNAHMELEITUNG Peter Stonner MASKE Alexandra Schwarzt MISCHUNG
Stephan Konken

Gefördert von Hamburger Filmbüro · Filmbüro Nordrhein-Westfalen · Vertriebskontor Hamburg

* 1 Pferd · 5 Mäuse · 4 Gänse · 1 Grille · 2 Käfer · 1 Fischotter · 5 Wespen · 1 Gorilla · 2 Plüschigel · 4 Schmetterlinge ·
3 Rehe · 1 Giraffe · 4 Bienen · 1 Wildschein · 1 Antilope · 2 Hunde · 3 Störche · 1 Hirsch · 5 Mufflons · 1 Büffel ·
13 Hühner · 1 Elefant · 1 Orang-Utan · 1 Ente

SOMMER DER LIEBE

Der zweite Film war der Versuch, die siebziger Jahre aus Sperrmüll nachzubauen.

Zu der Zeit habe ich ziemlich abgeschieden mit meiner Freundin in einem Haus auf dem Lande gelebt. In einem kleinen Dorf im Umland von Hildesheim. Da gab es eine Volksbank, eine Kneipe und eine Kirche. Sonst nichts. Keinen Einkaufsladen, keinen Bäcker. Das war absolut in der Wallachei.

13

Wir sind da einzogen, wußten aber nicht, daß wir den Vermieter mitgemietet hatten. Der war als Kind im Haus die Treppe runtergefallen und trug seither eine Plastiknase im Gesicht. Damit erschien er, pünktlich morgens um acht, zur Gartenarbeit. Der hatte direkt neben der Haustür eine spezielle Kammer. Die haben wir »das verbotene Zimmer« genannt. Eines Tages sind wir da mal reingegangen, um zu gucken, was da so drin ist.

14

15

Eine Symphonie junger Körper

Der Glanz dieser Tage war also fertig und ein Flop. Inzwischen erwachte in mir wieder die Bastelleidenschaft. Um diese zu befriedigen, mußte schnell noch ein Film gedreht werden. Und es mußte wieder ein Ausstattungsfilm sein.

174

Was lag näher, als den nächsten Film im buntesten Jahrzehnt des vorigen Jahrhunderts anzusiedeln? Dann könnte man sich in punkto Bauten und Kostüme richtig austoben. Hochtrabende Pläne schossen wie Pilze aus dem Boden. Wir wollten einen Langhaarigen-Report drehen, angesiedelt im Goldenen Zeitalter. Wir träumten von einer Symphonie junger Körper. Mit Wahn und freier Liebe. Und wir wollten die wahre Geschichte des Conny Kramer erzählen – wie er lebte, wie er liebte.

Wir wollten einen Farbfilm herstellen, der die Halluzination einer ganzen Generation auf die große Kinoleinwand brachte. Und das Publikum, es sollte mithalluzinieren. Der Film sollte die Bewußtseinserweiterung des Jahres werden. Die Zuschauer sollten wie Zombies aus den Lichtspielhäusern wanken. Geblendet von einem gleißenden Trip in die Vergangenheit, der die Gespenster von gestern wieder zum Leben erweckte.

Dabei sollte unser Film kritisch sein wie kein zweiter: ein Protestsong in Zelluloid! Und alles und jeden in Frage stellen: ein Schuß vor den Bug des Establishments! Eine kinematographische Sprengladung, von der sich keiner so schnell erholen sollte. So jedenfalls hofften wir.

Natürlich kam alles ganz anders. Die Laiendarsteller wollten sich nicht nackt vor der Kamera präsentieren, und meine diesbezüglichen Träume zerfielen im Laufe der Dreharbeiten zu Staub. Am liebsten hätte ich meine drei schrottreifen Super-8-Kameras in die Ecke geknallt, von denen eine immerhin holzvertäfelt war.

Auszug aus »Kintopp im Spätkapitalismus«. In: Nils Folckers/Wilhelm Solms (Hg.): »Risiken & Nebenwirkungen – Komik in Deutschland«. Edition Tiamat, Berlin 1996.

Noch am selben Abend haben wir heimlich das Weihnachtsevangelium verfilmt. Es durften nur Dinge mitspielen, die dem Vermieter gehören. Deshalb bringen

die heiligen zwei Könige dem Heiland auch einen alten, 16, 17
wurmstichigen Zwieback mit. Den hatte Alexandra,
zwischen Staubmäusen und Dreck, unterm Sofa gefunden. Und so begab es sich, daß der Erlöser im Pantoffel
des Vermieters zur Welt kam.

Dort auf dem Lande war alles sehr eintönig. Der
Vermieter hat uns jedes Jahr die Kündigung geschickt,
und wir sind jedes Jahr nicht ausgezogen. Das war
einfach nur ein Ritual. Am unterhaltsamsten war noch,
wenn er am Nachmittag zwischen seinen Rhabarber-
blättern verschwand. Dann wußten wir: Jetzt muß er
kacken, denn auf unser Klo haben wir ihn nicht drauf-
gelassen.

**Hier reiften allmählich die Pläne für einen neuen
Film.**

Was mir vorschwebte, war ein Langhaarigen-Report, 18
ein »Protestsong in Zelluloid«. Eine Rutschpartie ins
Goldene Zeitalter, zurück in die Zeit, als die Kleidung
noch hautsympathisch und pflegeleicht war. Als die
Zauberworte noch Polyacryl, Polyamid und Polyurethan
lauteten.

Einen Sommer lang haben wir jeden Abend zwei,
drei Dörfer abgeklappert und sind »Sperrmüll gefahren«, 19–28

haben alles, was halbwegs bunt und poppig aussah, eingesammelt. Mit Teppichmessern los und alte Matratzen abgehäutet, mit den Bezügen haben wir dann die Wände tapeziert. Und wenn man kein Atelier hat, muß man eben alles an die eigenen vier Wände nageln.

29–31

Ein richtiges »Team« hattest du auch nicht?

32–35   Es war wieder nur ein extrem kleiner Kreis von Leuten
36   beteiligt. Die Kamera habe ich meist selber gemacht, schon weil ich gar nicht gewußt hätte, wie ich einem Kameramann erklären soll, was ich genau haben will. Es wurde wieder stumm gedreht, später hat Iko dann die Geräusche gemacht. Die Musik stammt von Diet und Iko, und die Kulissen haben wir praktisch zu zweit gebaut: bei *Glanz dieser Tage* war Thomas Krügerke der zweite Mann, bei *Sommer der Liebe* Frank Peters, der inzwischen leider verschollen ist. Man hat sich abends eine Flasche Bier aufgemacht, diese Berge von Stoff- und Tapetenresten hervorgekramt und angefangen.

37–40   Es gab ein »Rockkloster«, das haben wir aus ein paar Latten und 30 Pappkartons zusammengenagelt. Das ging meist ruckzuck: eine Rolle Draht, eine Tube Alleskleber – fertig war die Kulisse. Dafür waren die Bauten, wie schon beim ersten Film, sehr wackelig.

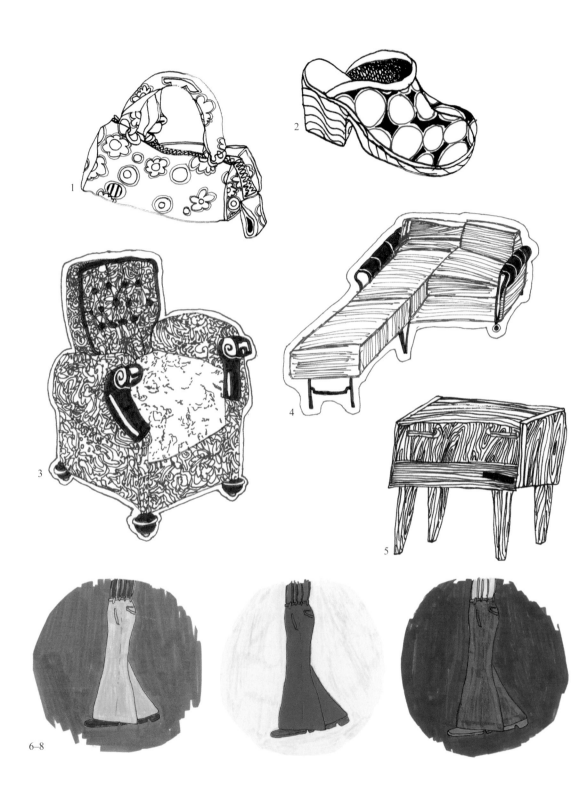

1–5 Studien: Kulturbeutel, Clogs, Sessel, Kautsch, Musiktruhe.
6–8 Glockenhose grün, Glockenhose blau, Glockenhose flieder.

9–11 Hautsympathisch und pflegeleicht: Kleidung im Goldenen Zeitalter.
12 Frischgebadete junge Männer.

13 Stadtwappen von Hildesheim.
14 Der mitgemietete Vermieter.
15 Unten links: das verbotene Zimmer.

16 Die heiligen zwei Könige bringen dem Heiland einen wurmstichigen Zwieback.
17 Und so begab es sich, daß der Erlöser im Pantoffel des Vermieters zur Welt kam.

18 Langhaariger Hund.

19–21 Schnappschüsse von Sperrmüllfahrten.
24 Erboster Sperrmüllbesitzer, im Sprung durchs Autofenster fotografiert.

26

25

27

28

25 Prachtvolles Fundstück.
26 Um die ursprünglichen Farben wieder zum Vorschein zu bringen, läuft Tag und Nacht die Waschmaschine.
27, 28 Schließlich sollen die siebziger Jahre in ihrem zeittypischen Glanz erstrahlen.

29

30

31

Wir hatten ja auch handwerklich keine Ahnung und kaum Werkzeug, gerade mal eine Kneifzange, einen Hammer und ein paar Schraubenzieher.

Mein Lieblingsschauspieler

Mein absoluter Lieblingsschauspieler heißt Jürgen Höhne. Der Mann mit dem eigenwilligen Akzent erblickt am 7.5.1936 in Dresden das Licht der Welt. Nach acht Jahren Grundschule und einer erfolgreich abgeschlossenen Lehre als Werkzeugmacher besteht er den Führerschein der Klasse 2. Fortan ist seine Welt die Landstraße. Eine Woche nach dem Mauerbau macht sich der passionierte Lastwagenfahrer auf den Weg in den Goldenen Westen und steuert seinen Vierzigtonner alsbald durch halb Europa.

In jungen Jahren war Jürgen Höhne begeisterter Boogie-Woogie-Tänzer und hatte Schlag bei den Frauen. Heutzutage entspannt er sich bei Country & Western oder alpenländischen Volksweisen, wenn er nicht gerade eine Platte seines Lieblingssängers Peter Kraus auflegt. Der naturliebende Brummifahrer ist seit Mitte der fünfziger Jahre glücklich verheiratet und lebt zufrieden mit seiner Frau in einem winzigen Dorf bei Hannover.

Ende der Achtziger gibt Jürgen Höhne, der nebenbei großer Western-Fan, John-Wayne-Verehrer und Anhänger der Roten Armee Fraktion ist (»Wenn ich so jung wäre wie du, hätte ich keine Kamera, sondern 'ne Handgranate in der Hand!«), sein Leinwanddebüt und spielt zusammen mit Bernward Herkenrath eine einzige Person, den werdenden Priester in *Der Glanz dieser Tage*.

1990 spritzt ihm bei einem Gefahrguttransport Säure in die Augen, sodaß er vorübergehend arbeitsunfähig wird. Zu dieser Zeit übernimmt er neben Alexandra Schwarzt die Hauptrolle in *Sommer der Liebe*. Ohne,

wie auch die etwa 100 weiteren Laiendarsteller, einen Pfennig Gage zu erhalten. Selbst die Spritkosten, pro Drehtag eine Stunde An- und Abfahrt, zahlt er aus eigener Tasche: »Ihr habt ja nix!«

Am ersten Drehtag gibt es allerdings Stunk, weil Jürgen Höhne sich geniert, in die eigens für ihn geschneiderten Schlaghosen zu steigen. Er will im Film lieber das tragen, was er immer anhat, Hemd und Cordhose. Als er sich dann doch umgezogen hat, will er auf keinen Fall vor die Tür treten und verlangt, daß der ganze Film aus Innenaufnahmen besteht. Einen Monat später kann dann doch mit den Außenaufnahmen begonnen werden, die freilich oft unterbrochen werden müssen, weil der Hauptdarsteller sich, flink wie ein Wiesel, versteckt, wenn auch nur in weiter Ferne (»so nah«) ein Passant auftaucht.

Auszug aus »Kintopp im Spätkapitalismus«. In: Nils Folckers/Wilhelm Solms (Hg.): »Risiken & Nebenwirkungen – Komik in Deutschland«. Edition Tiamat, Berlin 1996.

Schon bald zeigte das Haus erste Spuren der Verwüstung. Die Lehmwände und Decken waren mit Nägeln und Krampen übersät und in einem der Zimmer senkte sich, als eine Tanzszene mit 20 Mattenträgern gedreht wurde, der Fußboden. Natürlich waren all diese Aktivitäten im Dorf nicht gern gesehen. Es war ein ständiges Beobachten und Getuschel, und eines Tages machte das schöne alte Wort »Dorfhure« die Runde. Alles nur, weil Alexandra ein Auto steuern konnte und des öfteren Langhaarige zu Drehzwecken herankarrte. Zeitweilig rief das einen Spanner auf den Plan, der nachts auf einer mitgebrachten Leiter durchs Fenster guckte.

41–44

Als sich Alexandra für die Rolle eine Glatze scherte, ging im Dorf die Mär, wir hätten Läuse. Als »Bild am Sonntag« *Sommer der Liebe* zwei Jahre später als »Filmspaß« anpries, der die siebziger Jahre »liebevoll aufs Korn« nähme, keimte auf einmal so etwas wie Stolz in den Herzen der Ureinwohner. Hatten Nachbarn vorher nicht einmal den geliehenen Dosenöffner zurückhaben wollen, aus Angst, er könne mit einer ansteckenden, unheilbaren Krankheit behaftet sein, so versammelte sich jetzt das ganze Dorf in der Turnhalle, um zu überprüfen, was »unser Mitbürger« samt Lebensgefährtin da jahrelang so getrieben hatte.

In den Dorfkrügen der umliegenden Käffer waren Plakate angebracht, die unter der reißerischen Überschrift »Die Kolpingsfamilie Adlum proudly presents« ein Leinwandvergnügen der besonderen Art verhießen. Der Kartenvorverkauf fand bei Bauer Bruns statt und alle, alle kamen. In der rappelvollen Turnhalle lag das Durchschnittsalter um die 60, hier und da hockte auch ein Bauernlümmel aus der Nachbarortschaft dazwischen und mittendrin natürlich der Ortsbürgermeister.

Und los ging's! Licht aus, Projektor an und nicht einer verließ den überfüllten Saal, bis nicht das Licht wieder aufflammte. Danach frenetisches Geklatsche. Sie hatten bemerkt, daß wir tatsächlich gearbeitet hatten, zuvor hatte ich mir nämlich öfters Fragen wie »Was ist Ihre Gattin denn von Beruf?« anhören

32

33

34

35

36

36 Der Spielleiter mit holzvertäfelter Kamera.

37   38   39

40

37–39   Das Rockkloster. Drei Entwürfe.
40   Als Galionsfigur: Mark Farner.

41–43 Von den heißen Rhythmen angelockt, strömen von nah und fern Langhaarige herbei.
44 »Alle Hippies fliegen hoch.«

Die
Kolpingsfamilie Adlum
proudly
presents

Wenzel Storch:

Sommer der Liebe

KARTENVORVERKAUF BEI BRUNS (5,- DM)

Die Presse schreibt
über unseren Mitbürger:

der Film des Jahres 1992
... Die Zeit

eine liebevolle Hommage
an die 70ger Jahre
... Bild

In der Turnhalle Adlum am

So., 9. Mai 1993 um 20.00 Uhr

müssen. Und erst während der Vorstellung fiel es mir wie Schuppen von den Augen, daß *Sommer der Liebe* mit seiner »Lange Haare, kurzer Verstand«-Botschaft der Landbevölkerung zumindest passagenweise aus der Seele gefilmt sein mußte. Jedenfalls gab es, als Jürgen Höhne die Gehwerkzeuge abgesägt wurden und das Kunstblut in dicken Fontänen über die Leinwand spritzte, Pfiffe und Applaus.

Viel Zuspruch hat bestimmt auch die Zeichentrickszene gefunden: »Sylvia hat mit ihrer Mutter eine Abmachung getroffen«. Das ist ja eine absolut widerliche Aufklärungsgeschichte. Das Mädchen muß vor seiner Mutter »total offen« darlegen, was es mit seinem Freund im Bett macht, darf dafür aber mit ihm allein im Zimmer sein. Eine Mischung aus Überkontrolle und Pseudotoleranz, wie sie in alten »Bravo«-Fotoromanen zelebriert wurde: Man darf alles machen, aber alles muß benannt und besprochen werden. Ich meine, es gab sogar den Begiff »Necking«, das ist das Streicheln bis zur Gürtellinie.

46–50

Das gehörte natürlich zum Konzept: viele Sachen aus der Sicht der Eltern zu filmen. Es wird aber so dargestellt, als wäre das alles ganz dufte, nach dem Motto: »Danke, daß wir das jetzt tun dürfen. Danke, daß wir die Kissen bei der Party einfach auf den Fußboden legen dürfen.« Das gipfelt dann ja, als das Rockkloster an bedürftige Gammler verschenkt wird, im Ringelpietz mit Anfassen. Als sich alle bei den Händen nehmen und singen: »Danke für das Kloster, danke für die Poster«.

»Der Weltraum. Unendliche Weiten. Wir schreiben das Jahr 1971, Erdzeit. Auf unserem kleinen blauen Planeten stößt eine Gruppe junger moderner Menschen in neue, unbekannte Dimensionen des Bewußtseins vor. Sie suchten den Schlüssel zu einer besseren Welt und öffneten das Tor zum Sommer der Liebe.« Mit diesen Worten führt Hans Paetsch* den Betrachter in die Handlung ein – eine Geschichte, die sich auch diesmal wieder an einem dünnen roten Faden entlanghangelt.

Ein Faden, der vielleicht etwas deutlicher sichtbar ist als im ersten Film. Naja, in dem Sinne zumindest, daß der Hauptdarsteller von A nach B geht, da passiert dann das und das, und danach geht er dann von B nach C. Auch nicht besonders raffiniert, aber nicht mehr ganz so willkürlich und sprunghaft.

Jürgen Höhne ist wieder mal das optische Zentrum, weshalb die Presse auch gern von der »Jürgen-Höhne-

---

* Hans Paetsch war *die* Stimme der EUROPA-Märchenschallplatten. Ob Hänsel und Gretel oder Frau Holle, ob Hui Buh oder Hanni und Nanni, ob Hexe Schrumpeldey oder Bernhard und Bianca – diese Stimme hat Generationen durch ihre Kindheit begleitet.

Trilogie« spricht. Er spielt Oleander, den Klosterschreck, einen Gammler mit jesusartigen Zügen, der zum Finale sein ganz persönliches Golgatha erlebt. Zuerst werden ihm die Füße abgesägt, dann wird er in einem Römertopf beigesetzt, danach folgt Auferstehung und Himmelfahrt. Am Ende thront er – ohne Füße, aber glücklich – zwischen hartgekochten Eiern, Wurstmännchen und Käseigeln.

Zwischendurch, und das ist der eigentliche Film, wird
so ziemlich alles verwurstet, was die siebziger Jahre ausmachte, wenn auch keine Pillhühner und Bonanzaräder vorkommen. Es werden verbotene Früchte
genascht und heilige Berge erklommen, und Oleander muß sich, nachdem er Willy Brandts Nasenhaare geraucht hat, mit der aufkeimenden Frauenbewegung herumschlagen. Was später zu Problemen führte, als
ein Akt des Films – wegen Sexismus, Rassismus usw. – von einem vermummten Lesben-Kommando aus einem Göttinger Kino entführt wurde.

Erklärung

Wir, einige Frauen/Lesben, haben heute einen Teil des Films: *Sommer der Liebe* vorläufig ausgeliehen. Damit wollen wir verhindern, daß dieser Film weiterhin im Kino Lumiere gezeigt wird.

Die angeblich »schrägste Hommage (!) an die Flower-Power-70er Jahre« ist ein schlechter, pubertärer, sexistischer, brutaler, rassistischer und dummer Film. Wir akzeptieren kein pseudosatirisches Spiel mit Bildern, die eine knallharte Realität widerspiegeln. Diese Form von sexistischer und rassistischer Gewalt ist heute genauso aktuell wie in den 70ern. Das vorHERRschende Frauenbild in *Sommer der Liebe* ist das Bild vom »naiven Dummchen«, das den frauenfeindlichen Sprüchen der Männer aufsitzt und sich in der Rolle als Lustobjekt und Anhängsel angeblich wohlfühlt.

Wir finden es nicht witzig, wenn eine Frau von einem Mann in einem Auto mitgenommen wird, sie vor seiner direkten Anmache in den Wald flüchtet und von ihm verfolgt wird. Es hat mit Satire nichts zu tun, wenn in der nächsten Filmsequenz eben diese Frau zerstückelt aufgefunden wird und anschließend, zu Grillwürstchen verarbeitet, verteilt wird.

Eine andere Szene besteht in der Darstellung eines schwarz angemalten Weißen, der mit einem überdimensionalen Schwanz (Phallus) und einem Baströckchen ausgestattet ist. Um ihn herum sitzen kichernde Frauen, die sich über den »Neger« amüsieren. (Zitat: »Schau mal, ein Neger« oder später »Ich schwitze wie zehn Neger«).[*] Diese zwei Szenen sind beispielhaft für den Charakter des ganzen Films.

Wir verlangen von einem Kino wie dem Lumière, das sich immer wieder explizit von der platten und unkritischen Filmauswahl der kommerziellen Kinos absetzt, sich selbst als politisch-aufklärend versteht, daß dort solche Film nicht gezeigt werden.

Es ist nicht das erste Mal, daß im Lumiere derartig sexistische Filme gezeigt werden. Scheinbar haben all die Diskussionen, die mit den Verantwortlichen geführt wurden, nichts an den Auswahlkriterien geändert.

Deshalb sehen wir uns genötigt, selbst zu handeln.

Die WILDEN SPULEN (II)

---

[*] Die Zitate sind verstümmelt. Gemeint ist Oleanders Ausruf »Schaut euch mal den Neger an. Wie man nur so schwarz sein kann!« (vgl. Seite 22) sowie sein posthumes Glaubensbekenntnis: »Wir haben zusammen Negermusik gehört. Zuhause sah es aus wie in einer Räuberhöhle. Es ging zu wie bei den Hottentotten. Wir haben transpiriert wie zehn nackte Neger. Und wir hatten toffe Hosen an, hauteng an Oberschenkel und Gesäß.«

Apropos – jetzt, hinter vorgehaltener Hand, kann ich's ja sagen: Eigentlich sollte Oleander auch noch – wenn schon, denn schon – »Helmut Schmidts Sackhaare und Herbert Wehners Arschhaare« rauchen. So stand's jedenfalls im Drehbuch. Davon haben wir dann Abstand genommen, wahrscheinlich aus Angst vor der SPD.

***Sommer der Liebe* hatte im Kino – auf 16 Millimeter aufgeblasen – 30.000 Zuschauer. Das dürften Rekordzahlen für einen Super-8-Film sein. Überhaupt kennen den Film viel mehr Leute, als man denkt. Vielleicht auch deshalb, weil er später ohne Ton – und ohne dein Wissen – auf vielen Technopartys lief. Hast du damals nicht mal einen Ausschnitt ans Privatfernsehen verkauft – an so eine komische Sexsendung?**

105–112 Du meinst »Wa(h)re Liebe«? Das war so eine Schmuddelsendung auf VOX. Da hampelt Jürgen Höhne ein paar Sekunden lang in einem Beitrag über »Faustfick auf LSD« herum. Den Beitrag wollte ich eigentlich auf die DVD tun, den hat »Spiegel TV« – die Rechte für »Wa(h)re Liebe« liegen bei »Spiegel TV« – aber nicht rausgerückt.

Bei der Gelegenheit. Kannst du verstehen, warum andere Leute *professionell* Filme machen wollen?

46 Der verpetzte Intimkuß. Storyboard.

47

48

49

Sylvia hat mit ihrer Mutter eine Abmachung getroffen: Sie mußte versprechen, mit ihrem Freund Thomas
nie mehr als nur Petting zu machen

Dafür darf sie mit ihm in ihrem Zimmer ungestört sein. Sie ist mit dieser
Regelung, die auch von Thomas
akzeptiert wird, sehr zufrieden

Doch eines Tages beobachtet Syl-
vias jüngere Schwester die beiden
beim Intimkuß. Deswegen kommt
es dann zu einem Familienkrach

50

50　Vorlage aus »praline«.

51

52

52 Oleander, der Klosterschreck, opfert dem Gott der Kehle ein Bier.

53

Im Beichtstuhl

brennt noch Licht

WENN DER KLINGELBEUTEL

ZWEIMAL KLINGELT

Der Tripper

klopft

ans Klostertor

Fehlgeburt
im
Klosterkeller

54–57

53   Der Klosterschreck bei der Körperpflege.
54–57 Flimmerstunde im Rockkloster.

58

59

60

58 Die Weihnachtszeit naht und die Barmherzigen Schwestern verwöhnen ihren Gast mit Selbstgebackenem.

59 »Und sie buken und buken und buken – bis Oleander von all den Köstlichkeiten schier schlecht wurde.«

60 Oleander hat das Kloster heimlich renoviert und in Geschenkpapier eingewickelt.

Mit allen Konsequenzen: von – einigermaßen – beständigem Einkommen bis hin zum möglichen Versinken in tiefsten Mainstream-Niederungen?

Natürlich kann ich das verstehen. Es gibt ja überall Leute – Filmemacher, Musiker, Journalisten –, denen es egal ist, wie tief sie, wo drin auch immer, versinken und die das für professionell halten. Ich hatte vielleicht das Glück oder Pech, daß ich diese Option nie hatte. Stell dir vor, ich drehe einen »Tatort«: wie der aussehen würde! Der würde doch schon bei der Besetzung – sagen wir: Jürgen Höhne als Polizeioberwachtmeister – ins Bescheuerte lappen!

Ein Profi, dessen Arbeit ich übrigens bewundere und seit Jahren verfolge, ist der meines Wissens in keinem Filmlexikon verzeichnete Auftragsregisseur Kai von Kotze. Der schwingt seinen Regiestab in volkstümlichen Musiksendungen und bei »Aktenzeichen XY … ungelöst«, inszeniert aber auch seit Jahren – egal, ob das oberste Wesen Herzog, Rau, Köhler, Wulff oder Gauck heißt – die Weihnachtsfeier des Bundespräsidenten. Die läuft am Heiligabend um 17 Uhr im ZDF, und der Höhepunkt der Sendung ist immer, wenn gegen Viertel nach fünf der Präsident das Weihnachtsevangelium nach Lukas vorliest. Danach ist Bescherung. Da treten dann Kunstgeiger und Kinderchöre vor den

Präsidenten hin, es werden Knickse gemacht, Arien geschmettert usw. Und immer, wenn ich denke: Gleich platzt mir der Kopf, kommt wie aus dem Nichts der Abspann und ich lese begeistert: »Buch und Regie: Kai von Kotze«. Soviel zur Dialektik von Professionalität und Autorenfilm. Beziehungsweise zur Trennung von Kotze, Kirche und Staat. Wenn ich auch nicht weiß, ob das deine Frage beantwortet.

Meinst du, im nachhinein gesehen, du hättest vielleicht besser eine Filmhochschule besucht?

O weh, warum das denn? Meinst du, Karl May – um ein beliebiges Beispiel zu nehmen – hätte erst ein paar Semester Kreatives Schreiben studieren sollen, bevor er sich an seinen »Winnetou« setzt? Oder die Leute von Black Sabbath, die sind ja auch nicht erst zehn Jahre zur Musikschule gerannt, bevor sie ihre erste Schallplatte aufgenommen haben. Also abgesehen davon, daß ich nicht glaube, daß man irgendwo lernen kann, einen schönen Film zu machen: Ich bin von Herzen froh, daß meine Sachen nicht mit zu viel Fachwissen verseucht sind.

113–115

116–118

Iommi, Osbourne und Co. haben natürlich keine Musikschule besucht – aber sie haben, genau wie

Karl May, dem Publikum gegeben, was es wollte. Ob Heavy Metal nach Lovecraft-Art oder Abenteuergeschichten im erfundenen Wilden Westen: Zielgruppenorientiert waren beide, sie lehnten ihre meisterhafte Kunst am Publikum an und waren deshalb erfolgreich. Wobei du eben – im Unterschied dazu – ganz von dir selbst ausgehst, deinen künstlerischen Trieben Ausdruck verschaffst. Wieweit denkst du bei deinen Filmen ein Publikum mit?

Wenn ich ehrlich bin: gar nicht. Ich denke halt, wenn's mir gefällt, gefällt's auch noch drei, vier anderen … Und natürlich ist der Vergleich mit Black Sabbath oder Karl May schief. Andererseits, was du da von den Trieben sagst, genau das würde ich von einem wie Karl May eben behaupten. Bei dem weiß man ja, wie der gearbeitet hat: anfallartig, immer drei, vier Tage am Stück, dazu eimerweise Kaffee und sich eine Zigarre an der andern angesteckt – der war ja Zigarrenkettenraucher – und sich zwischendurch mit den Ausgeburten seiner Phantasie unterhalten. Und immer die Frau hinter der Tür, die gehorcht hat, mit wem er da wieder quatscht. Oder Hans Fallada, auch so einer mit Riesenauflagen, bei dem ging's ja ähnlich rund in der Schreibstube. Daß sich das, was da sozusagen naturgewaltig und eruptiv aus denen rausbrach, mit dem Publikums-

119

61

62

63

64

61, 62 Auf ihren ziellosen Reisen haben die Ex-Nonnen zwei nette Gammlerinnen
       aufgegabelt.
64   »Hallo, wer seid ihr denn?« »Trixi, Babsi, Trulli und Otti.«

65

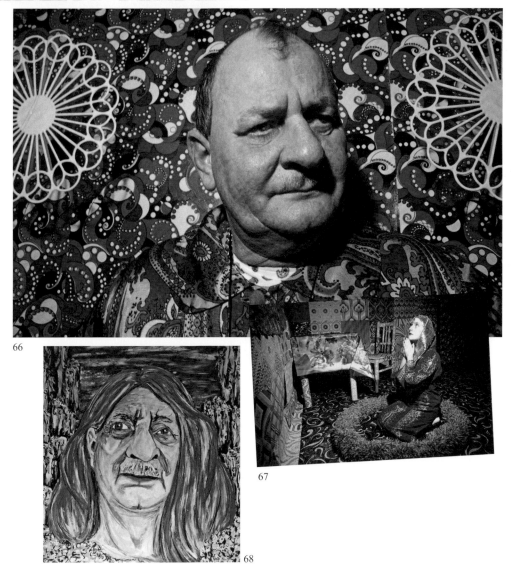

66

67

68

65 Beim Freiluftkonzert.
66, 67 Der untrügliche Instinkt des Klosterschrecks führt unseren Oleander zu einem neuen lieblichen Klösterchen.
68 Oleander in Öl. Gemälde von Rüdiger Geisler.

69

70

»Nehmt ihr etwa Drogen?« »Na logen. Wir müssen durch die Hölle gehen, um den Himmel zu sehen.«

Sonderpostwertzeichen

»Drogenmißbrauch«

71

72

73

69 »Eine neue Matte ist wie ein neues Leben.«
70 Oleander kennt nur noch einen Weg, seinen Liebeskummer zu betäuben: Rauschgift.
71 »Ich bin Meister Nadelöhr. Ein Fall für den Frisör.«
73 Sondermarke »Kampf dem Drogenmißbrauch« mit Ersttagsstempel. V. l. n. r. laut »Michel-Katalog«: »Unzufriedener, Gelegenheitskonsument, Süchtiger«.

74 Vergifteter Apfel.
75 Grundschülerin an einem Tollkirschenbusch.
76, 77 Die Therapie hat geholfen: Es kribbelt wieder im Bett.

78 Oleander lädt Jasmin zu einem Spazierflug ein. Als sich sein schönes langes Haar im Propeller verheddert, stürzt die Maschine ab.

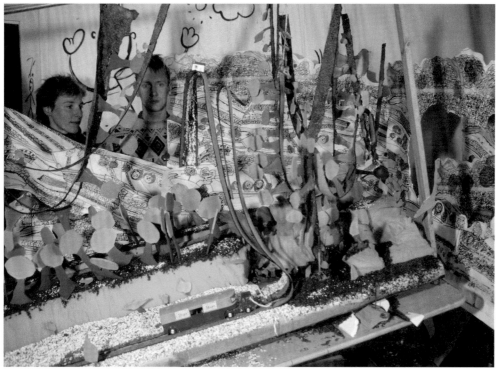

79

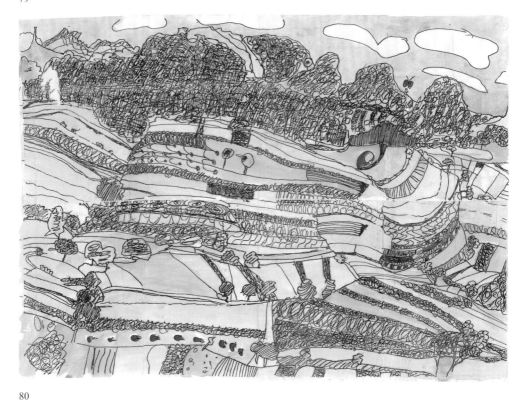

80

79 Der Sperrholzwald, errichtet von Thomas Krügerke, Frank Peters und Sabine Meyer.
80 Das schöne Hildesheimer Land, abgemalt auf LSD.

81

82

83

81 »Und nun cremt euch mit meinem Todesschweiß ein. Das fetzt!«
82 »Rickeracke Hippiekacke!«

84

85

84, 85 Ein erfülltes Leben ist vorbei. Ein alter Rockhase ist von uns gegangen.

86

87

88

89

86 Waren in *Der Glanz dieser Tage* ein Igel, eine pissende Kuh und ein Storch zu sehen, so treten in *Sommer der Liebe* 64 Tiere vor die Kamera.

87, 88 Gut Freund mit allen Tieren. Der Regisseur 1990.

»Es waren einmal zwei Igel,
die hatten einander so lieb.
Da fuhren sie in den Urlaub
mit ihrem Jeep.«

90 Verkehrsschild aus der guten alten Zeit.
92 Trampendes Pferd.
93 Fritzi Oster und Luise Wilhelm, die Igelstimmen.

94 Hans Paetsch, der gute Märchenonkel.

95

96

95, 96 Der Sommer der Liebe hat auch seine Schattenseiten. Ein Imbißbudenbesitzer
(Holger Müller) zerstückelt Schulmädchen, um sie zu Popwürsten zu verarbeiten.

Danken, „einige Frauen/Lesben"

alias „Die wilden Spulen (II)", wollen wir Euch doch noch unbedingt dafür, daß Ihr eine Rolle des Films „Sommer der Liebe" von Wenzel Storch aus dem Kino „Lumière" in Göttingen entwendet, nach ein paar Tagen aber wieder zurückgegeben habt. Und zwar mit einer „Erklärung", die so geht: „Wir akzeptieren kein pseudosatirisches Spiel mit Bildern, die eine knallharte Realität widerspiegeln." Keine Frage, eine Realität, in der am Schluß die männliche Hauptfigur, ein gewisser Oleander alias Conny Kramer, zugrundegeht, wonach dem Leichnam die Beine abgesägt werden, damit er sich besser in einem Römertopf bestatten läßt, hat nichts Widerspiegelnswertes. „Diese Form der Gewalt ist heute genauso aktuell wie in den 70ern." Eben. Wir Conny Kramers dieser Welt können ein Lied davon singen ... Danken möchten wir aber auch dafür, daß Ihr uns noch einmal die Möglichkeit gebt, für diesen wirklich ausgezeichneten „schlechten, pubertären, sexistischen, brutalen, rassistischen und dummen Film" die Werbetrommel zu rühren. Herr Storch bedankt sich übrigens auch. Nach langem, vergeblichem Suchen hat er nämlich den Stoff für seinen nächsten Film über die 90er gefunden: Eine Bande äußerst hibbeliger, permanent aufgeregter und ziemlich abgedrehter Frauen/Lesben klaut einen Film, erpreßt die Kino-Besitzer, macht es total spannend und gibt den Film am Ende zurück (große Idee: Schließfach des Hauptbahnhofs!). Dazwischen wird viel gestrickt, Tee getrunken, sich liebgehabt, *Brigitte* gelesen, Haare gefärbt, Nasen-

97

Nasenlöcher gepierct, gegen Sexismus und Menstruation gewettert, rumgealbert, auf Demos gegangen, viel gelacht und in den Arm genommen. Total überraschender Schluß: Nach der spannenden Filmrückgabe heiraten alle. Und zwar die Frauen die Lesben bzw. umgekehrt. Die Kinder kriegen sie dann im zweiten Teil. Begeistert? Wir schon: Einige Männer/Schuhgröße-43-Träger auf der Titanic

98

99

97   »Brief an die Leser«. »Titanic« 9/1994.

98   Die umstrittene »Tittenbegrüßung«. Szenen wie diese führten dazu, daß 1994 ein autonomes »Frauen/Lesben«-Kommando eine *Sommer der Liebe*-Filmspule aus einem Göttinger Programmkino entwendete.

101

100

„Wir werden Euch genau beobachten"

■ Warum die autonome Göttinger Lesbengruppe „Wilde Spule II" die Vorführung von Wenzel Storchs „Sommer der Liebe" verhindert und seinerzeit eine Kopie von „Lucia" verbrannt hat. Mit einer der „Wilden Spulen" sprach Mariam Niroumand

Wenzel Storch im Kreise seiner Lieben   *Foto: Verleih*

Vor einiger Zeit plante das Göttinger kommunale Kino „Lumière" die Vorführung von Wenzel Storchs „Sommer der Liebe" mit anschließender Diskussion. Kurz vorher hatte ein Flugblatt der Gruppe „Wilde Spule II" von dem I. Akt des Films aus dem Kino geklaut, mit der Begründung, er sei rassistisch, sexistisch, faschistisch usw. Storchs Film ist eine Art floweriges Seventies-Revival mit Einlagen von „Sesamstraße", „Schulmädchenreport", Trash, Tierfilm, gewissermaßen als Blumen des Blöden um den Hals des Regisseurs gelegt.

Das Kino setzte daraufhin den Film ab, und zwar, wie uns eine Mitarbeiterin sagte, „weil wir sonst eine Anzeige aufgeben müßten und die Bullen im Haus hätten". In einem Flugblatt hatte es geheißen: „Wenn sich keine grundlegende Veränderung Eures Bewußtseins in Eurer Filmauswahl widerspiegelt, sehen wir uns gezwungen, auch weiterhin Filmrollen zu entwenden. ,Sommer der Liebe' ist in einem Schließfach am Hauptbahnhof. Wir beobachten euch weiter."

Im selben Haus wie das „Lumière" befindet sich auch „Kabale", die Stammkneipe & Powerbase der Wilden Spulen II, die als Wilde Spule I schon einmal dasselbe Kino in Haßkappen gestürmt hatten, als der kubanische Film

„Lucia" lief, der in den ersten zwanzig Minuten eine Vergewaltigung zeigt. Akt I wurde aus dem Projektor gerissen und verbrannt. „Sommer der Liebe" wird jetzt in den Göttinger Flebbe-Kinos und im Berliner „Eiszeit" laufen. Unsere Gesprächspartnerin wollte ihren Namen nicht nennen.

taz: Was genau hat Euch so an Wenzel Storchs „Sommer der Liebe" gestört?

Wilde Spule: Man sieht darin zum Beispiel, wie eine Hetzjagd auf eine Frau verübt wird, die durch den Wald läuft und später zu Würsten verarbeitet wird. Außerdem ist da ein Weißer, der schwarz angemalt ist und als „Neger" angesprochen wird. Der Film an sich ist einfach nur total blöd, und wir finden eben, daß solche Filme nicht laufen müssen, und schon gar nicht in so einem Kino.

Gehört das „Lumière" nicht so ein bißchen zu Eurer neighbourhood, schadet Ihr da nicht der eigenen Seite?

Deshalb sind die Spulen ja auch zurückgegeben und nicht vernichtet worden. Aber das Argument, man wollte doch bloß diskutieren, zieht nicht: Zum Diskutieren von Gewalt gegen Frauen war die Spule nicht nötig. Gerade in einem

Kino mit Anspruch und mittellinkem Publikum darf es so etwas einfach nicht geben.

Ist das auch der Grund dafür, daß Ihr Euch nicht auf Filme wie „Basic Instinct" gestürzt habt? Oder sind die einfach technisch schwerer zu attackieren?

Ja, es ist dieser Anspruch, den man auch durchhalten muß.

Ihr traut den Mittellinken nicht zu, daß sie sich im Griff haben? Hast Du denn schon mal erlebt, daß Filme eine dermaßen starke Wirkung ausüben?

Persönlich habe ich keine Erfahrung damit, aber da gibt es Untersuchungen drüber. Es ist zu gefährlich, diese Sachen einfach so zu zeigen. Man steigert einfach die Gewaltbereitschaft. Du kennst das doch bestimmt auch, wenn Du im Kino sitzt mit lauter Typen um Dich rum, und die grölen und lachen, wenn eine Frau vergewaltigt oder geschlagen wird.

Gibt es denn eine für Euch legitime Form von Gewaltdarstellung? Wie soll man eine Vergewaltigung filmen?

Man kann und darf eine Vergewaltigung eben nicht filmen. Erstens glaube ich, daß es nicht darf, zweitens, daß man es nicht darf, weil es einfach keinen Schutz gegen diese voyeuristische Publikumshaltung gibt.

Können Frauen im Kino nackt sein?

Andere sehen das nicht so; aber so eng würde ich die Grenzen wohl nicht ziehen.

Welche Filme zeigen Frauen auf eine Art, die Ihr OK findet?

Wir finden zum Beispiel „Komplizinnen" gut, ein Film aus der autonomen Szene über Szenefrauen, die sich eben auch gegen Gewalt wehren, die so zwischen zwanzig und dreißig sind, die arbeiten, studieren und leben. Ein anderer Film, den wir mochten, war „Das Leben ist eine Frau" aus Kasachstan, über eine Frau, die in den Knast kommt, weil sie ihren Mann

erschlagen hat, der brutal zu ihr war. Man sieht, wie sich da behauptet, die Solidarität mit den anderen Häftlingen, ihre Jahre in der Strafkolonie. Oder „Phoolan Devi", der Film über die indische Banditin, den Ihr ja nicht so gut besprochen habt.

Und mögt Ihr Monika Treut, Ulrike Ottinger und so weiter?

Also bei der Treut gehe ich regelmäßig raus. Sie zeigt den lesbischen Sub immer total einseitig, zum Beispiel in „Die Jungfrauenmaschine"...

Zuviel S/M?

Ja, genau, da wird es eben auch wieder voyeuristisch.

Was war jetzt der Effekt von Eurer Aktion, seid Ihr zufrieden?

Ja, der Film wird nicht mehr gezeigt. Es sind ein paar total blöde Artikel über uns erschienen, zum Beispiel in der *Titanic*, aber die Sache wurde eben wieder diskutiert.

Und Ihr habt den Film beworben...

Das kann man nicht ändern, das ist immer so, wenn man etwas macht, auch wenn man Benetton-Plakate überklebt.

Wie geht es weiter? Was sind die nächsten Aktionen?

Das werde ich Dir jetzt natürlich nicht sagen. Du kannst aber sicher sein, daß wir die Sache im Auge behalten werden.

102

100, 101   Das gemeinsame Gammeln haben sich die Ex-Nonnen anders vorgestellt.
102   Die Szenen rund um die leckere »Popwurst Fritzi« finden wenig Anklang: »taz«-Interview, 13.10.1994. Man beachte auch die Bildunterschrift.

103

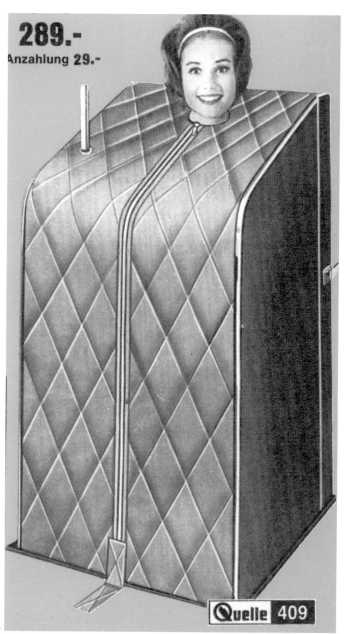

104

103, 104 Das vorherrschende Frauenbild im Versandhauskatalog.

geschmack verbündete, war glaube ich mehr Glück als Kalkül. Und was Black Sabbath angeht: Für meine Begriffe sind da Naturgewalten im Spiel. Das hat mit Dienst am Publikum nichts zu tun.

In deinen Filmen wimmelt es von komischen Momenten, die sich nicht selten zur Beklemmung ausbauen. Diese »atmosphärische Härte« unterscheidet deine Filme sehr von dem, was landläufig so als Komödie durchgeht. Wenn sich der Pfarrer in *Der Glanz dieser Tage* minutenlang und umständlich die Hand absägt, ist diese Beklemmung natürlich sehr direkt. Aber man findet diesen schonungslosen Blick auch in scheinbar harmlosen Szenen, beispielsweise bei der endlosen Tanzorgie in *Sommer der Liebe*.

Ich hatte auch zu keinem Zeitpunkt vor, irgendwelche Witzefilme zu drehen, also das, was man landläufig Komödie nennt. Denn obwohl alle drei Filme in Welten spielen, die es so in der Wirklichkeit nirgendwo gibt, sind die doch immer sehr nah an der Realität, und die ist ja nun mal oft auch komisch oder beklemmend. Oder beides gleichzeitig.

Ich bin überhaupt kein Freund der Wirklichkeit, würde es aber auch nicht hinkriegen, die aus den Filmen komplett auszusperren. Das können andere viel besser, und die Kinos sind ja auch voll damit. Ich finde sogar, daß die Wirklichkeit sich regelrecht tummelt in den drei Filmen. Und so gibt's dann eben Leute, die sich prächtig amüsieren und andere, denen die Filme geradezu Angst machen. Vielleicht, weil ihnen das, was du in deiner Frage »atmosphärische Härte« nennst, einfach zu nahe oder schlicht zu weit geht. Da schwappt dann plötzlich irgendwas unangenehm von der Leinwand, und das ist dann auf einmal nicht mehr nur komisch, und das finden die dann scheiße. Das hatten sie sich anders vorgestellt.

Wirkt dein letzter Film *Die Reise ins Glück* auf Zuschauer immer noch derart verstörend, oder sind die Leute mittlerweile härter im Nehmen? Ich kann mir gut vorstellen, daß zum Beispiel die Szene, in der zwei blasenschwache Minister kleine Kinder anpissen, auch heute noch für heftige Reaktionen sorgt.

Es ist natürlich überhaupt nicht meine Absicht, die Leute vor den Kopf zu stoßen. Das ist ein schöner Nebeneffekt, der sich mitunter einstellt. Bei den Festivalaufführungen in den USA und in Kanada waren viele darüber schockiert, daß ihnen relativ heftige Szenen so niedlich verpackt untergejubelt wurden. Etwa als die

Riesenschnecke die kleine Kirche fickt und in den Beichtstuhl abspritzt – da haben einige wie gelähmt im Kinosessel gesessen und waren zusätzlich dadurch verunsichert, daß die Szene so lieb und nett daherkommt. Dort wurde *Die Reise ins Glück* vor allem als Märchenfilm gesehen, von dem Kinder besser die Finger lassen sollten. Während hierzulande der Film ja lustigerweise ab zwölf Jahren freigegeben ist. Der Trailer ist sogar frei ab sechs. Und in der »taz« konnte man zum Kinostart die schöne Bemerkung lesen, daß selbst die Pinkelszenen »seltsam anheimelnd und gemütlich« wirken.

Aber klar, es gibt natürlich immer wieder Zuschauer, die sich speziell über die Pissereien tierisch aufregen. Und was das allgemeine Feedback angeht, so spaltet der Film die Leute ziemlich deutlich in zwei Lager. Die einen blicken amüsiert und staunend auf die Leinwand, die andern haben das ungute Gefühl, als würde ein Panzer über sie hinwegrollen. Was ja aber auch nicht das Schlechteste ist.

105

105 Kleinfamilie auf LSD.

106

107

108

107 Nicht mehr fertiggestellt: Die Geschichte der Manson Family als Puppentrick.
108 Sharon Tate, handgestrickt

109

110

111

112

109, 110 Ein typischer Sonntag im Hansano-Land. Hier wohnt man seit alters her in Milchtüten. Die Bewohner haben Strickleitern an den aufgerissenen Laschen befestigt und klettern so in ihre Häuser.

111 In der wirren Handlung spielen ein Caro-Kloster und der Geheimbund des Kuh-Klux-Klan eine wichtige Rolle.

112 Am Ende werden die Kühe Alkoholiker und ziehen aus den Milchtüten in leere Bierflaschen um.

114

113

115

113 »Winnetou III«, 1904.
114 »Winnetou in Feldgrau«, 1941.
115 Der Schatz im Silbersee. Filzstiftstudie, 1991.

116

117

118

116 Rockmusiker bei der Arbeit.
117, 118 »Farb-Super-Poster« aus »pop«.

Hallo,

Ich bin 17 Jahre, gehe noch zur Schule und ein großer Fan von Ihren Filmen. Leider habe ich Ihre frühen Werke noch nicht gesehen (wurden sie überhaupt veröffentlicht?) aber Ihre beiden Filme "DER GLANZ DIESER TAGE" und "SOMMER DER LIEBE" gefallen mir großartig. Ich finde das sind die besten Filme die je gemacht wurden. Sie haben geniale Ideen und wissen diese auch sehr gut umzusetzen. Durch die fabelhaften Schauspieler (Jürgen Höhne, Alexandra Schwarzt u.a.), die Stop-Motion-Effekte und die lustige Handlung wird in Ihren Filmen eine einzigartige, surreale Atmosphäre erzeugt (Besonders in "Glanz dieser Tage" kommt das gut zur Geltung).

Durch einen Trailer wurde ich erstmals auf "Sommer der Liebe" aufmerksam. Als ich mir den Film gekauft und angesehen hatte war ich sprachlos. Ihr Werk haute mich regelrecht um. Ich war so beeindruckt, daß ich nicht mehr schlafen konnte. Sofort bestellte ich mir beim Videodrom (da ich noch nicht volljährig bin bestelle ich über meine Großmutter) Ihren

ersten Film, der bei mir die selben Reaktionen auslöste.
Die Stop-Motion-Effekte, die Puppentricks und die Kulissen in "DER GLANZ DIESER TAGE" und "SOMMER DER LIEBE" muß man schlichtweg als genial bezeichnen. Schon beim ersten Anschauen ihrer Filme merkt man, daß Sie sich mit der Gestaltung und Ausführung große Mühe geben.
Ich selbst drehe kleine Filme (Eine Mischung aus Real- und Puppenfilm) in meiner Freizeit. Vor 2 Monaten wollte ich ein Remake der Szene in der Sie auf dem Jahrmarkt und dem Umzug Gott suchen, drehen, aber im letzten Moment hat mich der Mut verlassen. Nächstes Jahr ziehe ich es aber durch.
Jedenfalls wünsche ich Ihnen für ihre weiteren Projekte viel, viel Glück und Sie werden für mich immer ein Idol bleiben.

PS: Ein Traum ginge für mich in Erfüllung, wenn Sie mir antworten würden.

Alles Gute
Ihr
Markus

Brief von Markus Lesmeister an »Herrn Wenzel Storch«, 29.11.1994.

DIE
REISE
INS
GLÜCK

Set Designerin Christine Schulz und Vorarbeiter Wolfgang Weber inspizieren den Ballsaal.

Die Reise ins Glück
BRD 2004
73 Minuten
Farbe
35 mm

Kapitän Gustav Jürgen Höhne
Eva Jasmin Harnau
König Knuffi Holger Müller
Propagandaminister Bernward Klimek · Ralph Meyer
Kapitänskinder Kathleen Brunke · Yasmin Frischling · Lena Kruse · Christina Renger · Skarlett Schmalz
Omas Marga Heinze · Annemarie Willberg
Klementine Edeltraut Zotzmann
König der Feinschmecker Matthias Hänisch
Edelleute Jörg Buttgereit · Jeanette Eisebitt · Jan Hahne · Ralf Hammermeister · Sammy Ochs · Sibylle Steinfurth
Tellerlip Girl Dana Weber
Bordkapelle Gunnar Garrelts · Maik Hutfilz · Jan Klewitz · Ingo Rabe
Eingeborene Maria Jösch · Katja Kiefer · Lilian Martinez · Petra Weigel
Gustav als Kind Dennis Bischof
Knuffi als Kind Mounir Ben Ammar
sowie Dieter Kramls Bärin Nora als Erster Offizier

DIE STIMMEN
Erzähler Friedrich Schoenfelder
König Knuffi Frank Bauer
Erster Offizier Harry Rowohlt
Weißes Kaninchen Horst Tomayer
Sänger Bordkapelle Max Raabe

KAMERA SPIELLEITUNG PRODUKTION Wenzel Storch DREHBUCH Wenzel Storch · Matthias Hänisch AUSSTATTUNG Christine Schulz · Matthias Hänisch PRODUKTIONSLEITUNG MOTIVE Ralf Sziele AUFNAHMELEITUNG MASKE SYNCHRONREGIE Katja Kiefer TRICKAUSSTATTUNG ANIMATION Majken Rehder MUSIK Diet Schütte SCHNITT Matthias Hänisch · Iko Schütte GERÄUSCHE Iko Schütte · Markus Stoffel · Michael Stich TIERTRAINING Dieter Kraml · Filmtierzentrale Hamburg SPEZIALEFFEKTE KOORDINATION Jörg Buttgereit SPEZIALEFFEKTE Michael Romahn · Marcel Caspers ROHBAUTEN Wolfgang Weber · Michael Stich · Pinus Design SYNCHRONAUFNAHME Enrico Audio Production · Tobias Bremer SYNCHRONSCHNITT Hollewood Media · Ralf Bieler MISCHUNG Stephan Konken

Gefördert von FilmFörderung Hamburg GmbH · Filmförderung des Landes Niedersachsen · nordmedia Fonds GmbH in Niedersachsen und Bremen · Kulturelle Filmförderung Mecklenburg-Vorpommern · Hessisches Ministerium für Wissenschaft und Kunst · Friedrich Weinhagen Stiftung

WENZEL STORCH
PRÄSENTIERT

DIE REISE
INS
GLÜCK

Mit JÜRGEN HÖHNE als KAPITÄN • JASMIN HARNAU als EVA • HOLGER MÜLLER als KÖNIG • Dieter Kramls BÄRIN NORA als ERSTER OFFIZIER
und den Stimmen von HARRY ROWOHLT • FRIEDRICH SCHOENFELDER • HORST TOMAYER • „TELLERLIP GIRL" vorgetragen von MAX RAABE
Spielleitung WENZEL STORCH

Gefördert von FilmFörderung Hamburg GmbH • Filmförderung des Landes Niedersachsen • Kulturelle Filmförderung Mecklenburg-Vorpommern • Hessisches Ministerium für Wissenschaft und Kunst
Friedrich Weinhagen Stiftung

Mit freundlicher Unterstützung   FUJI KINE FILM   SPRENGEL MUSEUM HANNOVER   HOLL-WOOD MEDIA

www.wenzelstorch.de

DIE REISE INS GLÜCK

Damit wären wir schon beim nächsten Film. Für
***Die Reise ins Glück* gab es wiederum Förderungen.**
Hast Du das alles alleine organisiert?

Die Abwicklung habe ich jedesmal alleine gemacht,
also was man so »Produktion« nennt. Ich hatte immer
das Glück, Förderungen zu bekommen und immer das
Pech, viel weniger zu bekommen, als ich eigentlich
haben wollte.

Der nächste Film sollte ein Märchenfilm werden.
Im Mittelpunkt sollten ein riesiges Schneckenschiff
und ein goldenes Schloß stehen. Ab Sommer '94 habe   1–7
ich alle möglichen Förderungen abgeklappert und hatte
nach zwei Jahren Zusagen aus vier Bundesländern.
Immer deutlich weniger, als ich beantragt hatte. Alles
zusammen etwas über 400.000 Mark. Die Bedingung
der Förderung war diesmal 35 Millimeter. Für einen
35-Millimeter-Ausstattungsfilm ist das natürlich ein
Witz. Ich stand also vor der gleichen Frage wie zehn
Jahre vorher: Versuche ich das jetzt hinzukriegen oder
lasse ich es bleiben?

Das Prinzip war wieder, alles einsammeln, was
irgendwie brauchbar aussieht, was auch nur entfernt
nach Schiff und Schloß aussieht. Inzwischen war es
im Landkreis Hildesheim mit Sperrmüll schwierig

geworden, so kamen wir auf die Idee, Anzeigen in land- und forstwirtschaftlichen Zeitungen aufzugeben. Die Folge war, daß uns wochenlang irgendwelche Bauern morgens um vier aus dem Bett klingelten, noch vor dem Melken, um uns ihre alten Düngerstreuer, Getreidequetschen und Güllepumpen anzudrehen. Das meiste war unbrauchbarer Schrott, für den diese Bauern unverschämte Antiquitätenpreise haben wollten.

Zu zweit, mein Produktionsleiter Ralf Sziele und ich, haben wir ab Herbst 1996 billiges Rohmaterial gesucht, wir haben Dachböden und Scheunen durchstöbert, Flohmärkte, verlassene Fabriken, alles mögliche. Irgendwann hat Ralf angefangen, eine stillgelegte Gießerei zu plündern. Jede Nacht rein durch ein Loch im Zaun, das Betreten des Geländes war streng verboten. Schätzungsweise fünfzehn Tonnen Gußformen haben wir da rausgeholt, so mit drei, vier Leuten. Das war relativ gefährlich, wegen Einsturzgefahr. Wenn da einer im Dunkeln den Abgang gemacht hätte …

Die erbeuteten Gußformen und Jauchepumpen waren in den zwei Zimmern, in denen ich inzwischen wohnte, nicht unterzubringen. Am Hildesheimer Hafen haben wir dann eine Lagerhalle aufgetrieben, 1.000 Quadratmeter. Vier Wände und ein Blechdach, ohne Wasseranschluß, nicht beheizbar. Nachkriegsbedingungen. Da haben wir den ganzen Schrott reingeschmissen. Nach einem Jahr war die Halle voll: defekte Elektromotoren,

8–19

235

Heuwender, kartonweise Babyschnuller, Hunderte von
Gipskakteen, Wäschespinnen aus der Ostzone.

Nun standen wir vor der Frage, wie man aus dem 20–97
ganzen Scheiß ein Schiff und ein Schloß zusammen-
baut, mit Bordkino, Thronsaal und Maschinenraum.
Aber dann war es wie immer – das Material fing an,
den Charakter der Kulissen zu bestimmen und nach
und nach ist aus dem Materialberg ein ganzes Kulissendorf entstanden. Ein Heer von Klebern und Schraubern
hat nach den Anweisungen der Set Designer – das
waren keine echten Set Designer, Christine Schulz
und Matthias Hänisch hatten bisher mit Kulissenbau
nie was zu tun – über 20 Einzelkulissen zusammengenagelt, geschraubt und geschweißt. Unter brutalsten
Bedingungen, denn in der Halle waren vorher Dünge-
mittel gelagert. Es hat total nach Ammoniak gestunken,
vor allem im Sommer, und war im Winter lausig kalt.
Eine Stimmung wie in Eisenhüttenstadt oder Leuna.
Der einzige Luxus war ein Dixi-Klo draußen vor der
Tür. Alles selbstverständlich ohne Versicherung, weder
Haftpflicht, noch Feuer noch irgendwas. Acht bis zehn
Stunden am Tag bin ich in diese Halle gegangen wie
der Bergmann in seinen Schacht. Und die Geister,
die man rief, wuchsen wie böse Pilze in den Himmel.
Die Kulissen wurden höher und höher.

Mitten im Kulissenbau war auf einmal die Kohle
alle. Was noch da war an Fördergeldern, konnte erst

abgerufen werden, wenn der Film ins Kopierwerk geht. Also habe ich angefangen, mir bei Freunden und Bekannten Geld zu leihen. Das will ich gar nicht im Detail ausführen. Das fing jedenfalls an, sich hochzuschrauben. Anfangs fehlte eine kleine Summe, aber daß man Jahre später immer noch in dieser Halle zugange ist, ahnte niemand. Es ist weiter und weiter aus dem Ruder gelaufen. Und die Kulissen wurden und wurden nicht fertig.

98–129 Inzwischen hatten wir auf einem stillgelegten Bahnhofsgelände die Schloßfassade errichtet. Sieben Meter hoch, zwölf Meter lang. Aus Mähdrescherschüttlern, die mit Latten verschraubt waren, mit dicken Seilen an Bäume gebunden, Teile von Heuwendern dran, den ganzen Kram golden angemalt. Im Herbst 1998 kam ein Sturm und hat das fertige Schloß umgekippt. Wie in einem bösen Märchen.

Zu dem Zeitpunkt war die Halle am Hafen bereits bis unters Dach zugebaut. Die beteiligten Förderungen fingen an, nervös zu werden, denn der Film sollte längst fertig sein. Da hat man nebenbei einen unglaublichen Briefwechsel am Hals, muß permanent Anträge auf Fristverlängerungen stellen. Da finden sich aberwitzigste Begründungen, denn die Dreharbeiten mußten pausenlos verschoben werden. Ursprünglich war der Drehbeginn für Herbst 1996 vorgesehen, damals dachte ich: Erst bauen wir ein Vierteljahr, und dann wird

1

2

1, 2 Kapitän Gustav will sich mit seinem Schneckenschiff zur wohlverdienten Ruhe setzen. Mit seiner bunt zusammengewürfelten Mannschaft aus Mensch und Tier strandet er an einer geheimnisvollen Insel.

3–7 Voller Freude auf den Vorruhestand bereitet man sich auf den Landgang vor, denn noch ahnt niemand an Bord, daß im Herzen der Insel ein böser König haust.

9

10

11, 12

13, 14

8, 9 Im Herbst 1996 nimmt Ralf Sziele sein Amt als frischgebackener Produktionsleiter auf. Zusammen mit dem Regisseur macht er sich auf die Suche nach
formschönem Rohmaterial.

10 Die Fundstücke von Dachböden und Scheunen werden in einer Halle am Hildesheimer Hafen abgekippt.

11, 12 Ausgedehnte Landpartien führen über die Dörfer rund um Hildesheim – ob
sie nun Warzen, Wätzum oder Ummeln, Hackenstedt, Hotteln oder Mölme,
Giften, Breinum oder Ödelum heißen.

13, 14 An den Wänden lagern – als wär's das reinste Heroin – vergessene Düngerberge.

»Wenzel und ich waren schon immer ganz gerne unterwegs und haben irgendwelche Sachen geplündert. Das war halt so drin. Wenn ich abends nichts zu tun hatte, habe ich das Auto genommen und den Anhänger dahinter gepackt.«

15–17 Auf den Plünderfahrten entdeckt man eines Tages die Annahütte. Die stillgelegte Gießerei entpuppt sich als wahre Schatzkammer.

18, 19 Gustavs Bordkapelle musiziert auf alten Gußformen.

20, 21 Der Tisch ist reich gedeckt. Nun brauchte man bloß noch ein Schneckenschiff aus dem Boden zu stampfen!

22–24 Unter den fachkundigen Händen von Matthias Hänisch entsteht ein ganzer Maschinenpark. Kessel, Motoren und Pumpen, die später, auf der großen Leinwand, auch tatsächlich funktionieren.

25 Der Produktionsleiter auf einem Kontrollgang.

26, 27 Wachhund Nico, der 1998 einem Hafenarbeiter »in den After biß«, wie es in den Versicherungspapieren hieß.

28, 29 Ein gemütlicher Clubsessel und ein ausladender Schreibtisch. Hier entsteht die Kapitänskajüte.

30–32 Während die Decke verziert wird, fertigt Majken Rehder das wertvolle Gemälde an, das von altersher jede Kapitänskajüte schmückt: ein Prachtschinken aus der Unterwasserwelt.

33, 34 In diesem Ambiente lenkt der Kapitän die Geschicke seiner Mannschaft. Hier wird so manches Machtwort gesprochen.

35, 36 Käpt'n Gustav im KPD-Look.

37   Willkommen in Gustavs Liebestempel!

38, 39 Das Bett im Rohzustand.

40–43 Hier werden die Schmuckzapfen für das Schlafgemach hergestellt. Wie süße Träume hängen die Zapfen von der Decke.

44–46 Das Bett krönt ein schwerer Baldachin.

47

48

49

50

51

52

47–49 Überhaupt strahlt das ganze Schiff eine puffartige Gemütlichkeit aus.

50–52 Den Ballsaal beleuchten zwei alte Schützenfestkraken. Dieser repräsentative Saal ist im im Inneren des Schneckenhauses untergebracht. Hier spielt die Bordkapelle zum Tanztee auf.

»Das war wie beim Tapezieren in der Wohnung. Einer stand unten und hat eingekleistert, der nächste hat's hochgereicht und ich hab oben angefangen, die Kuppel zu formen.« Katja Kiefer

53–55

53–59 Über den Musikanten wölbt sich eine meterhohe Pappmascheekuppel.

56–59

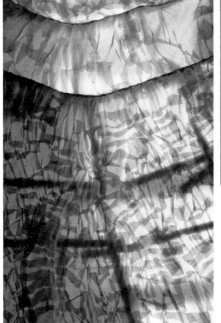

60   Zum 1. Mai 1998 ist das perlmuttartige Gehäuse fertig.

61, 62

63

64

61, 62 Im Bordkino stehen Kolossalfilme mit heiterer Grundstimmung auf dem Programm.

63 Das mobile Schiffsklo im Stile einer französischen Litfaßsäule.

64 Der Bär auf dem Weg zum Klo. Im Herbst 1999 werden ausgiebige Kloszenen gedreht, die alle dem Schnitt zum Opfer fallen.

65–68

69–73

65–68 Aus Blechen und Pappkartons entsteht ein labyrinthartiger Gang, der mit halbierten Styroporkugeln beklebt wird. Dieser unheimliche Ort befindet sich tief in den Därmen der schwimmenden Schnecke.

69–73 Als die Nieten verziert sind, wird technisches Gerät in die Kulisse geschraubt.

»Zum Schluß haben wir alles, was irgendwo noch rumlag, wirklich jeden Scheiß, in die Kulisse geschraubt. – Von außen sah die Kulisse sogar noch besser aus als von innen. Man hätte die, so wie sie war, auf die documenta stellen können.«

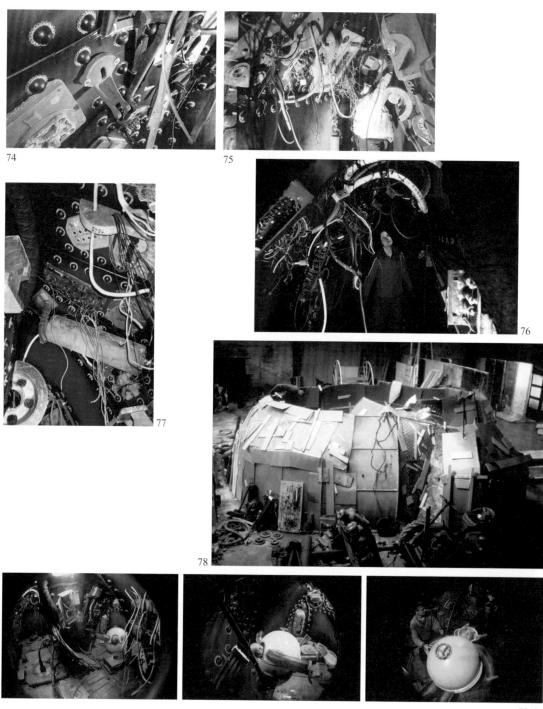

74

75

76

77

78

79–81

75, 76 Set Designerin Christine Schulz.

82

83

84

85

82–85 Echte deutsche Wertarbeit.

86, 87 Das Drehbuch verlangt ein paar Meter schleimige Schneckenhaut. Da die Holz-
formen aus der Gießerei verbraucht sind, baut man mit Styropor weiter.

88, 89 Auch hier heißt das Zauberwort »Pappmaschee«.

90, 91 Die Wand wächst bis unter die Hallendecke zu.

92 Der Produktionsleiter organisiert neuen Schrott.

93 Noch fehlt eine der größten Kulissen, die große Rudermaschine. Hierfür muß aus den letzten Holzresten eine Wandverlängerung gezimmert werden.

94 Ein Korngebläse streckt seine Blecharme durch die aus Häckslern, Düngerstreuern und Güllepumpen zusammengeschweißte Kulisse.

95, 96 »Großsegel setzen!«

97 Mittagspause im Maschinenraum.

98

99

100

98 Das Schloß des bösen Königs soll auf Landmaschinenbasis erbaut werden. Kartoffelroder, Heuwender, Mähdrescher und Getreidequetschen werden zerlegt, um aus den Einzelteilen das Palastinterieur zusammenzuschrauben.

99 Aus blauem Samt, einem alten Zahnarztstuhl und Rübenroderteilen zaubern die Set Designer ein zum Regieren einladendes Ambiente.

100 Der Bauherr im Herbst 1998.

101

102

103–109

Majken Rehder fertigt das große Schlafzimmergemälde an, das wegen zu starker Ähnlichkeit mit Rudolph Moshammer (108) und Helmut Kohl (109) nicht verwendet werden kann.

110

111

110–112 König Knuffi regiert im Zeichen des Teppichklopfers.

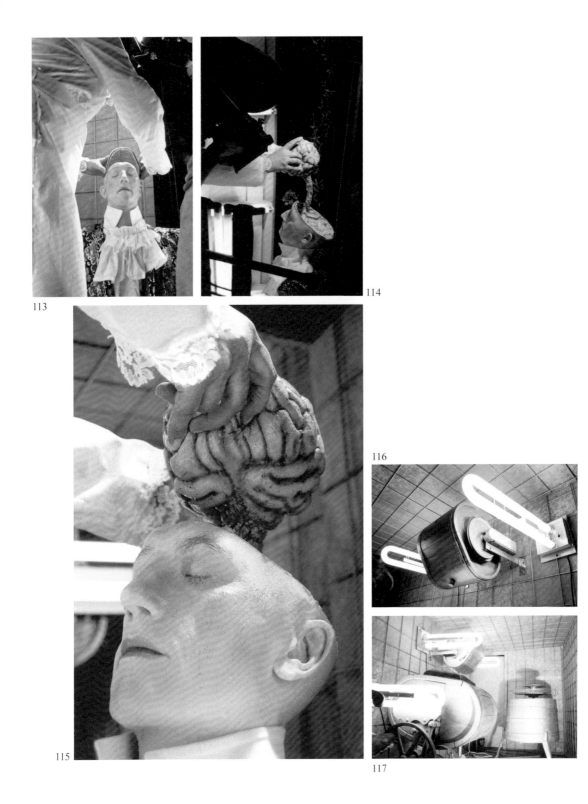

113–117 Gehirnwäsche im Hause Knuffi.

»Wie frisch das duftet!« »Kein Grauschleier mehr, und das Beste: hier, am Stammhirn, kein Kragenspeck. Alle grauen Zellen rausgewaschen.«

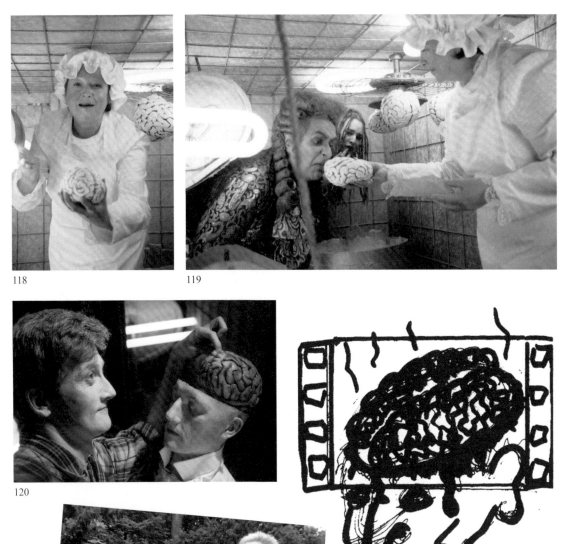

118 Edeltraut Zotzmann als Waschfrau Klementine.
120 Matthias Hänisch betastet sein Gehirn.
121 Marcel Caspers und Jörg Buttgereit beschreiben die Spezialeffekte.
122 Storyboard von Jörg Buttgereit.

123

125

124

126

127

128

129

123, 124 Babyrasseln, winzige Teppichklopfer aus der DDR und Haushaltsbürsten:
In dieses Boudoir wird Damenbesuch einquartiert.

125, 126 Mit Pinsel und Farbe werden Zitronenpressen und Kleiderbügel zu kostbarem
Zierrat für Blumentopf und Blattwerk.

127–129 Durchgeschnittene Massageigel vervollständigen das Ambiente.

gedreht! Inzwischen war 1999, und aus drei Monaten waren drei Jahre geworden. Und am andern Ende der Stadt war eine zweite Halle dazugekommen, für die

130–156

Trickkulissen.

Aber dann ging es im Herbst 1999 tatsächlich los. Wie gesagt, die Auflage der Filmförderung war 35 Millimeter. Ich hatte noch nie eine 35 Millimeter-Kamera in der Hand gehalten. Niemand von uns hatte davon Ahnung. Wir haben billig eine steinalte Arri aufgetrieben, die bestimmt 50 Jahre auf dem Buckel hatte, und

157–170

mit der dann alles ohne Ton gedreht. Genauso, wie das schon vor 30 Jahren bei den »Schulmädchen-Reports« Sitte war. Mit Ton ging nicht, weil die Hafenarbeiter ständig mit ihren LKWs um die Halle kurvten. Fast alles mit minimalstem Team, es gab Drehtage, an denen waren wir gerade mal zu dritt. Ich habe die Kamera geführt, Matthias Hänisch hat die Schärfe gezogen, den Film gewechselt und das zusätzliche Licht gesetzt, dazu Katja Kiefer, die Aufnahmeleiterin. Das ist meilenweit von echten Dreharbeiten entfernt, wo fünfzig Leute am Drehort rumlungern, irgendwelche Scriptgirls, Best Boys usw. Die Nerven von so einem winzigen Team sind irgendwann extrem strapaziert, keine Kohle, und dann noch pausenlos gegen die Zeit anrennen, man steht ununterbrochen vor einer Wand von Problemen. Für mich ist die Erinnerung auch deswegen gruselig, weil die beiden, die beim Dreh die Hauptarbeit geleistet haben, bis heute nicht bezahlt sind. Und nicht nur die beiden.

»WENN DU ZWEI FILME MIT DEM STORCH GEMACHT HAST, KRIEGST DU EIN DICKES FELL«

Zwei Gespräche mit Jürgen Höhne

Im neuen Film spielen Sie Kapitän Gustav. Man hat uns darauf hingewiesen, daß Sie Ihre erste Sexszene haben.
Oohh! Also meine Frau weiß davon gar nichts. Wenn die den Film sieht, bricht sie zusammen.

Eigentlich ist das aber völlig harmlos im Vergleich zu dem, was man heute geboten bekommt – in einer Taucherglocke kannst du sowieso nichts machen. Die Arme stehen ab, da kannst du dir mit Hängen und Würgen noch nicht einmal die Nase putzen. Da läuft nichts mit Fummeln. 1–3

Einer Ihrer Partner ist ein ausgewachsener Bär. Wie ist es denn, mit dem zusammenzuarbeiten?
Ich bin ja sehr tierlieb, und das macht schon Freude. Man muß bloß schon ein bißchen skeptisch sein mit dem Kameraden. Mit Streicheleinheiten trau ich mich da nicht so richtig ran. Aber der frißt gern den Hundekuchen von meinem Dackel. Da hab ich schon mal einen kleinen Vorsprung. 4

Was steht heute abend für eine Szene an?
Also, etwas Genaues weiß ich auch nicht. Wenzel sagt mir immer Bescheid, wenn es losgeht, damit er mich überraschen und ich nicht »nee« sagen kann.

1–3 Der Kampf gegen Knuffi wirkt auf Gustav wie ein Aphrodisiakum.

4

Haben Sie das Drehbuch nicht zuvor gelesen?

Überhaupt nicht. Ich kenn das Drehbuch nicht. Ich weiß überhaupt nichts! (*Hier betritt Wenzel den Raum: »Jürgen, du hast noch zehn Minuten, bis du dran bist.*«) Ich brauch ein wenig Zeit, wegen dieser Scheiß-Taucherkugel. Das ist wirklich eine Tortur. Wenn man erstmal eine Viertelstunde drinnen gesteckt hat, wird es interessant. Es stirbt alles ab. Als es noch wärmer war, haben wir Außenaufnahmen gemacht. Ich hatte nur ein dünnes Hemd an und sah aus wie einer, der Sadomaso macht – den ganzen Körper voller Striemen. Ich kam nach Hause, und meine Frau hat sich nur die Augen zugehalten.

Aus »Absurd 3000« Nr. 2.

Das sieht ja sehr gemütlich aus in Ihrem Taucheranzug. War's das denn auch?

5 Beschissen war's. laufen Sie mal den ganzen Tag mit einer Kugel um den Bauch und Plastikrohren an den Armen und den Beinen rum.

Wie entspannen Sie sich von den anstrengenden Dreharbeiten?

Dann knall ich mir ein paar Bierchen rein. Irgendwie mußt du dich ja abreagieren. Oder ich gehe mit meiner Frau und meinem Dackel im Deister spazieren. Die beiden waren übrigens im letzten Film auch zu sehen, als sie versehentlich durchs Bild gelaufen sind.

Wie haben Sie sich auf die Rolle des Helden Gustav vorbereitet?

Überhaupt nicht. So wie es kommt, wird's genommen. Ich kenne weder das Drehbuch noch die Handlung. Das ist mir auch lieber so. Ich halte mich einfach an Wenzels Anweisungen. Dann kann nichts mehr schief gehen.

Haben Sie irgendwelche Filmvorbilder?

Jeder hat so seine Spezies. Für mich war Wildwest schon immer das ganz große Ding. Die guten Kameraden wie John Wayne sind ja leider

5 Anfangs ist eine Art Nabelschnur geplant, die den Käpt'n mit dem Schiff verbindet.

6, 7

265

schon in den ewigen Jagdgründen. Ihre alten Filme gucke ich mir immer wieder an. Das ist gutes Handwerk. Genauso, wie der Wenzel das heute wieder macht.

Aus »Schädelspalter« 12/1999.

Man war sowieso schon von diesen nervenden Bedingungen so durchgeknetet, aber dann gerieten die Dreharbeiten mehr und mehr ins Stocken. Kein Geld mehr für Filmmaterial. Zu dem Zeitpunkt besuchte Gerhard Henschel für »Titanic« die Dreharbeiten, wollte einen Drehbericht schreiben. Der hat sofort mitgekriegt, unter welchen Umständen wir uns da abmühen. An dem Tag sind permanent die Sicherungen rausgeknallt, es herrschten Minusgrade in der Halle, die Darsteller schlotterten. Ein paar Tage später hat er angerufen und gefragt, ob ich was gegen eine Benefizveranstaltung hätte. Aus der einen Veranstaltung sind dann vier geworden, da sind Leute wie Wiglaf Droste, Max Goldt, Horst Tomayer, Benjamin von Stuckrad-Barre oder F. W. Bernstein aufgetreten, das war vor allem eine wichtige moralische Ermunterung. Finanziell war das eher ein Tropfen auf den heißen Stein, aber das hat geholfen, nicht aufzugeben und weiterzumachen.

Immer, wenn mal wieder so eine Veranstaltung vorbei war, wußte ich: Jetzt kannst du wieder ein paar

171–174

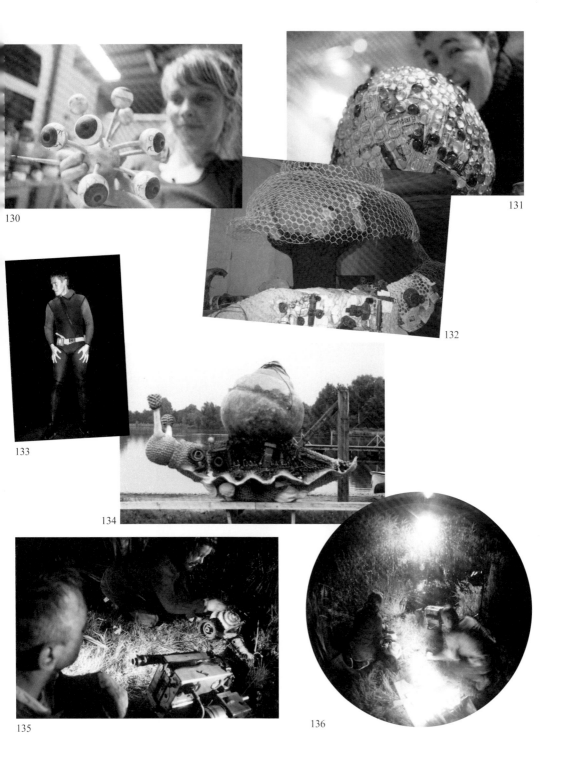

130

131

132

133

134

135

136

130–132 Am anderen Ende der Stadt befindet sich die Werft für das Schneckenschiff. Hier entstehen die Trickkulissen, gefertigt von einem kleinen Team unter der Leitung von Majken Rehder.

133, 134 Freibad Hildesheim. Der Produktionsleiter läßt das Schneckenschiff zu Wasser.

135, 136 Trickaufnahmen von der Kindheit der Schnecke, die ihre Lausbubentage im Rollstuhl verbringen muß.

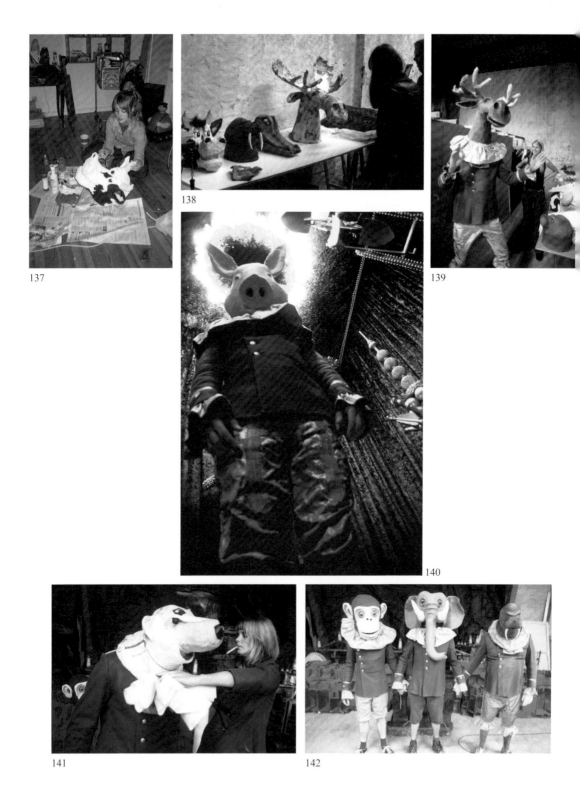

137–141 Was für den Papst die Schweizer Garde ist, das sind für Knuffi seine Tierlakaien.
142 Ronald Reagan, Konrad Adenauer, Leonid Breschnew.

143

144

145

146

143–145 Knuffi und sein Hofstaat, streng nach der Wirklichkeit aus Knetmasse geformt.

147

148

149

150

151

152

153

147 Tag und Nacht rollen gepanzerte Hühner durch die Vorgärten. Das kleine Inselreich, das König Knuffi regiert, ist eine herzlose Militärdiktatur.

148, 149 Die Luftwaffe des Königs.

150 Zwangsrekrutierte Frösche marschieren im Land der aufgehenden Sonne ein.

151 Majken Rehder vor der Altstadt von Hiroshima.

152 Die Schweizer Alpen.

153 Holland in Not.

154

155

156

154 Für *Die Reise ins Glück* ist ein Ausflug in die Vergangenheit geplant. Gustav soll es auf die sagenhafte Insel Lesbos verschlagen.
155 Die Insel besteht aus angeschwemmten Perlen, in die sich die verwöhnten Lesben bei Einbruch der Dunkelheit einbuddeln, denn Häuser sind auf Lesbos unbekannt.
156 Heute wohnen die Lesben in ausgehöhlten Kürbissen. Das verdanken sie Kapitän Gustav, dem Besucher aus der Zukunft.

157

158

159

157 Im Ballsaal wird groß gefeiert: Die Bordkapelle stimmt das »Lied vom Tellerlip
     Girl« an.
158 Am Klavier: der Erste Offizier. Lefzensynchron vertont von Harry Rowohlt.
159 Tellerlip Girl Dana Weber.

160

161

162

160 Der protzsüchtige König ist in Hochzeitslaune und gewährt der künftigen
Gemahlin einen Einblick in seine Ländereien.

161 »Ri ra rutsch, wir fahren mit der Kutsch!«

163, 164 Märchenstunde im Maschinenraum.
165 Samstagabend. Bärin Nora auf dem Weg in die Wanne.
166 Der Kameraassistent prüft die Schärfe.
167 Marga Heinze als königstolle Vettel.

168

169

170

168 In einer Rückblende betreiben Gustav und Knuffi eine kleine Zimmervermietung.
Eines Tages kommt ein Fahrzeug vor die Kulisse gerollt. Dem Gefährt entsteigt
die aparte Eva.
169, 170 Eines Nachts geht Gustav mit der Geliebten stiften, einer ungewissen Zukunft
entgegen.

171, 172 Die Drehpausen werden immer länger.

173 Kurz vor der Jahrtausendwende verirren sich japanische Touristen in die Halle,
vier Musikanten aus Tokio – bei Jung und Alt als Melt Banana bekannt.

174 Auch Sonny Vincent läßt sich für ein Plattencover auf Knuffis Thron nieder.

Büchsen Rohfilm kaufen. Und weiter ging's … Aber weil wir so viele Szenen mit Kindern und Tieren im Drehbuch hatten, in *Die Reise ins Glück* wimmelt es ja von Fröschen, Eulen, Bären und Kaninchen, hatten wir auch ein entsprechend hohes Drehverhältnis, was bei 35 Millimeter schnell gruselig werden kann. Naja, so hangelt man sich von Problem zu Problem und kommt spätestens dann ins Grübeln, wenn über Nacht ein Sturm aufzieht und die meterhohen Außenkulissen einfach umpustet. Aber wie sagt Olivia Walton in der »Waltons«-Folge 145: »Sorgen wachsen schneller als Bäume.« Das stimmt, denn auch Helge Schneider sagt ja: »Probleme sind da, um sich zu vermehren.«

Inzwischen war ein neues Jahrtausend angebrochen und das Schicksal des Films stand mehr und mehr in den Sternen. Es gab Zeiten, da hatte ich überhaupt keinen Schimmer, wie *Die Reise ins Glück* jemals fertig werden soll. Ab Sommer 2000 wurde es richtig beängstigend. Da war der Großteil gedreht, ein Teil geschnitten, ein Teil synchronisiert und überall taten sich neue Löcher auf. Zu dieser Zeit bin ich auch nicht mehr ans Telefon gegangen, weil klar war, daß da nur Gläubiger dran sein konnten.

Zeitweise stapelten sich Mahnungen über 50.000 Mark auf meinem Schreibtisch, und irgendwo fünf

Kilometer weiter in einer Lagerhalle am Hildesheimer Hafen stand ein 60 Tonnen schweres Kulissendorf rum. Es gab Phasen, in denen ich völlig apathisch in meinem Zimmer lag. Wo ich nichts mehr machen konnte, wie ein Käfer auf dem Rücken und Karl May gelesen. Keine Ahnung, ich vermute, die Psyche ist da nur noch mit Verdrängung beschäftigt. Hätte ich die Uhr zurückdrehen können, hätte ich sofort alles rückgängig gemacht. Aber dafür war es nun zu spät.

Zu der Zeit hatte ich oft seltsame Träume. An einen erinnere ich mich, da bin ich mit einer Freundin durch Hamburg spaziert. Die Straßen waren unglaublich breit, wie so Prachtstraßen in Moskau. Sie sagt zu mir: »Bei uns in Hamburg reiten wir normalerweise auf dem Mittelstreifen.« In dem Moment merke ich, daß ich auf einem Pferd sitze. Ein Pferd, das den Kopf hinten hat. Der Mittelstreifen ist plötzlich drei Meter hoch, das Pferd fängt an zu stolpern, der Mittelstreifen wird immer höher und höher, und mit einemmal stürze ich auf dem Pferd diesen endlosen Mittelstreifen runter. Das ist ein prachtvoller Start in den Tag. Daran kann man dann rumdeuten, wenn man will. Aber das macht man natürlich nicht.

Zwischendurch gab es immer wieder kleine Hoffnungsfunken. Die Presse war aufmerksam geworden, seitenweise erschienen Drehberichte. Es gab große

Reportagen in »Geo«, »Rolling Stone« und »Zeit«, Artikel in »stern«, »Focus« und »Spiegel«, und als die »taz« im Winter 2000 einen Reporter nach Hildesheim schickte, fühlte der sich, als er das Tor zur Halle aufmachte, in die Antarktis versetzt. Ich dachte, mit dieser Presse müßte es möglich sein, noch ein paar Pfennige von den Förderungen zusammenzubetteln. Wo ich konnte, hab ich Postproduktionsförderung beantragt. Teilweise ganz irre Pakete geschnürt, alles schön in 15- oder 20-facher Ausfertigung.

Aber zwischen 2001 und 2003 ist ein Förderantrag nach dem anderen abgelehnt worden, da stellt man relativ verblüfft fest, daß die ganze Presse komplett wirkungslos ist. Inzwischen war das Budget im sechsstelligen Bereich überzogen. Wir haben versucht, Sponsoren zu finden. Von mir aus hätten ganze Supermärkte ihre Produkte vor die Kamera schieben können, da war schon alles egal, aber es war wie verhext. Das war schlichtweg eine dunkle Zeit. Ganz am Schluß, als ich die Hoffnung schon aufgegeben hatte, habe ich aus Mecklenburg-Vorpommern von der Filmförderung noch mal 30.000 Euro gekriegt. Und das Sprengel Museum in Hannover hat 10.000 Euro gespendet, das waren die letzten Glücksfälle, zusammen mit den geliehenen Ersparnissen einer Freundin haben die dann zur Fertigstellung geführt.

199–203

Übrigens stellte sich im Dezember 2002, acht Jahre
nach der ersten Förderzusage, heraus, daß wir das
Happy-End vergessen hatten. Also mußten wir noch
mal ran und nachdrehen. Als letztes Bild hätte ich
gerne gehabt, daß der Bär, der im Film den Ersten
Offizier spielt, sich den Arm abbindet, einen Schuß
setzt und selig in den Himmel starrt, aus dem dann die
Titel herunterschweben. Das gefiel aber den andern
nicht, deshalb hab ich's dann gelassen.

Zu diesem Zeitpunkt hatte der Film immer noch
keinen Namen. Der Filmgelehrte Christian Keßler eilte   204
zu Hilfe und unterbreitete eine Unzahl von Vorschlägen.
Vorschläge, die alle sehr maritim anmuteten und von
»Der alte Bär und das Meer« über »Zinksärge für die
Ölsardinen« bis hin zu »Laß jucken, Sprotte!« und
»Ein Herz und eine Makrele« reichten. Am besten
gefiel mir »Es riecht nach Pipi im Taka-Tuka-Land«,   205–218
ein Titel, der mir dann zu explizit war.

Alles in allem hat die Produktion des Films ziemlich
genau zehn Jahre gedauert. Die erste Förderzusage lag
im Herbst 1994 im Briefkasten, und im Januar 2004
kam die Nullkopie aus dem Kopierwerk. Zusammen-
fassend kann man sagen, am Ende dieser katastrophalen
Produktionsgeschichte stand ein riesiger Berg von
Problemen, und ich saß obendrauf.

175–177 Im Juni 2000 wird die Halle geräumt. Insgesamt müssen 60 Tonnen Holz und Altmetall entsorgt werden.

178 Für das Schneckenschiff endet die letzte Reise auf Meyers Gnadenhof im Weserbergland.

179 Friedrich Schoenfelder spricht den allwissenden Erzähler.

180 König Knuffi mit seiner Synchronstimme Frank Bauer.

182 Sammy Ochs, die Stimme der Eule.

183 Der Produktionsleiter interviewt Max Raabe (»Tellerlip Girl«) für das Making-of.

184

185

186

184, 185 Der »Spielleiter« spielt mit dem Gedanken, sich eine Schrotladung in den Kopf zu schießen.

186 Die Wohnung vermüllt und auf dem Schreibtisch stapeln sich die Rechnungen.

187–198 Nur die Katzen Natascha und Cicciolina verbreiten noch etwas Lebensfreude.

199

200

201

202

203

Herrn
Wenzel Storch

Persönlich

Lieber Herr Wenzel Storch,

noch immer ist mir ein sehr interessanter Artikel aus der GEO 11/00 in lebhafter Erinnerung. Hier werden Sie als ein äußerst fantasievoller Mensch beschrieben, der Projekte aus Altmetall, Plastik, Stoff, Holz etc. herstellt und dann andere Träume daraus produziert. Zu Ihrem hier beschriebenen Film, zu dem Sie sicherlich schon lange den Titel gefunden haben, hatte ich seinerzeit mir ebenfalls Gedanken gemacht, und folgende Namen für Sie erfunden:

- Im Storchenland
- Storchens Fabrik
- Tohuwabohu
- Wenzelns Storchensalat
- Storch im Salat
- Storchens Zauberland
- Wenzels Unsinn
- Chaosland
- Schrott & Company
- Träume in Müll
- Recyclingträume
- Andere Dimensionen
- Schrottwärts im Storchenland
- Schrotthausen
- Gebrauchte Träume
- Immer wenn der Storch lacht

Diese vielfachen Ideen seien die Ihren und ein Geschenk zum heutigen Tage.

204

200–203 Mit technischem Gerät, das schon die Väter der Klamotte benutzten, wird der Prolog, das Orakel der Schneemänner auf dem vereisten Dorfteich, gefilmt.

204 Zehn Jahre nach der ersten Förderzusage ist der Film fertig, hat aber noch keinen Namen. Eine Dame, die im Magazin »Geo« einen Drehbericht gelesen hat, unterbreitet Vorschläge.

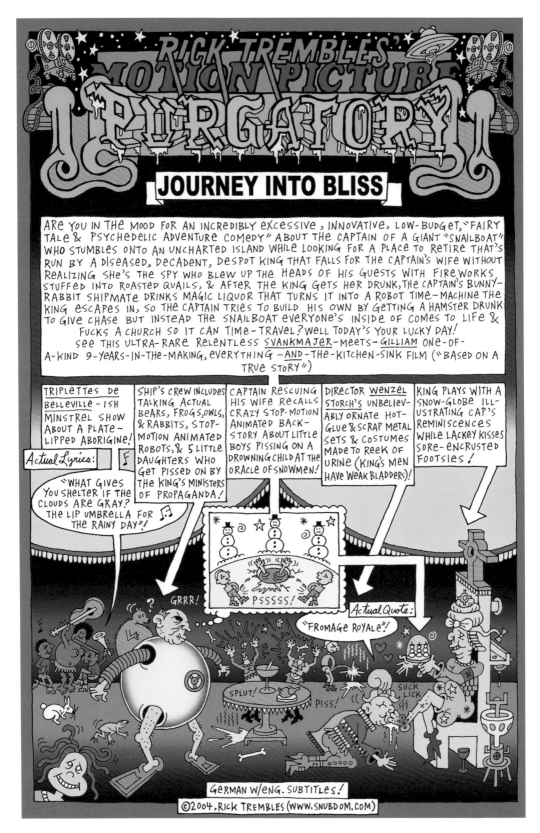

206

207

208

»Es wird viel gepinkelt in diesem Film, das aber auf eine ziemlich künstlerische Art.« Georg Seeßlen, »epd Film«

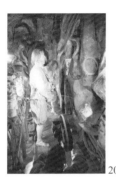
209

210

206 Hoch auf dem gelben Wagen nahen zwei passionierte Schürzenjäger.
207 Der Harndrang der Minister ist im ganzen Inselreich berüchtigt.
208 Der tiefe Schlaf der Kapitänskinder wird jäh unterbrochen durch einen linden Frühlingsregen.
210 Aus Hüfthöhe regnet es Kamillentee.

211 212 213

Manche Menschen müssen immer „MÜSSEN".

214

Urteil der Freiwilligen Selbstkontrolle der Filmwirtschaft vom 13.12.2004

Beurteilung:
Bei dem Film des Regisseurs Wenzel Storch handelt es sich um ein Genre, das häufig mit dem Begriff »Trash« belegt wird. Der Handlung ist kein Sinn zu entnehmen. Kostüme und Kulissen sind üppig und farbig und bewußt geschmacklos gehalten. Die Schauspieler agieren sehr laienhaft. Aus der Jugendschutzperspektive heißt das, daß der Film sehr weit von der Lebenswirklichkeit von Kindern und Jugendlichen entfernt ist. Er bietet auch in seinem märchenhaften Charakter keinen Zugang für diese Altersgruppen. Problematisch sind lediglich einige Szenen, die stark provozieren wollen, indem sie Ekelgefühle erzeugen. Zu nennen ist hier das Anpinkeln kleiner Mädchen, die sich aber sehr selbstbewußt aus dieser Situation lösen, das Aufschneiden eines Kopfes, um das Gehirn zu entnehmen oder das Zertreten eines anderen Kopfes. Bei 6jährigen besteht bei diesen Szenen durchaus die Gefahr der Traumatisierung. Sie haben noch nicht genügend Distanzierungsschwellen gegenüber der Fiktionalität der Geschichte.

12jährige werden sich dagegen wohl eher vor Ekel abwenden. Vorbildcharakter haben die Handlungen keinesfalls. Die Übertriebenheit der Szenen und die Tabubrüche können auch 12jährige als solche identifizieren. Als bewußt inszenierter Tabubruch ist auch das Tragen der Hakenkreuzbinden zweier Protagonisten zu werten, die mittels einer Zeitmaschine ins Nazireich reisen. Der Ausschuß ist hier jedoch der Meinung, daß keine Verharmlosung des Faschismus stattfindet, sondern daß die Lächerlichmachung bei weitem überwiegt. Ausschlaggebend für die Entscheidung des Ausschuß zugunsten einer Freigabe ab 12 Jahren ist die große Entfernung zur Lebenswirklichkeit, die eine starke Distanz zum Filminhalt schafft.

Ergebnis: Freigegeben ab 12 (zwölf) Jahren

215

216–218

211–213   Die blasenschwachen Thronwächter als Merchandising-Artikel für den Spielzeugmarkt.
216–218   Drei Schnappschüsse: Storchs Katze besucht das Herrenklo in der benachbarten Kulturfabrik.

IN KÖNIG KNUFFIS KALTEM REICH

Der rauhreife Hildesheimer Extremregisseur Wenzel Storch dreht seinen neuesten Film

von Christian Y. Schmidt

Der Gasofen, vor dem ich kauere, heißt »Respekta«. Er befindet sich in einem winzigen Verschlag, der wiederum inmitten einer 1.000 Quadratmeter großen Halle steht. Der Ofen hat seinen Namen verdient, denn man sollte sich wirklich vor ihm in acht nehmen. Schon nach wenigen Minuten hat seine Gluthitze meinen dicken Wintermantel angekokelt. Doch lieber hier verbrennen als wieder nach draußen.

    Dort, in der eiskalten Halle am Hildesheimer Kanalhafen, dreht der Amundsen unter den deutschen Regisseuren, Wenzel Storch, seinen neuen Film. Nach *Der Glanz dieser Tage* und *Sommer der Liebe* den dritten. Und den – in diesem Fall muß man das Adjektiv steigern – irrsinnigsten. Ein paar Jahre dreht Storch nun schon. Wer sich in der Halle umschaut, weiß warum.

    Etwa zwanzig Bauten stehen da, u. a. ein kompletter, rund sieben Meter hoher eiförmiger Ballsaal, der Maschinenraum eines gigantischen Schiffes, ein Bordkino mit echter Kinobestuhlung, riesige Höllenmaschinen, die bis an die Decke der Halle reichen, und endlose Labyrinthe, deren Wände mit türkisem Kunstsamt bespannt sind. Dazwischen sind unzählige Requisiten abgestellt: goldgefärbte Barockstühle, aus deren Sitzflächen große goldene Sprungfedern ragen, vergoldete, mit goldenen Schneebesen behängte Bäumchen in goldenen Töpfen, die goldene Zitronenpressen zieren, ein mit blauem Samt bezogener Zahnarztstuhl mit silbernen Flitterbordüren, ein überdimensionales zusammengeschweißtes Schlagzeug, wie für einen Bären gemacht (und es *ist* für einen Bären gemacht), große bemalte Bärengitarren aus Eisen, Draht und

1

1

2

Holz, die aussehen, als habe sie Pablo Picasso entworfen. Und die meisten dieser prächtigen Dinge sind noch einmal mit kleinen Kunstperlen besetzt, die wie Rauhreif blitzen. Oder ist das Rauhreif?

Gebaut wurden diese Kulissen nicht von professionellen Filmarchitekten und Filmausstattern, sondern von »Laien«, die bisher nicht viel mit Film zu tun hatten. Das Rohmaterial wurde auf Flohmärkten zusammengesucht, stammt aus Baumärkten, vom Schrottplatz oder aus auseinandermontierten landwirtschaftlichen Maschinen. Allein die Bauzeit des labyrinthischen »Schiffskellers«, für den alte Gußformen aus einer stillgelegten Gießerei verwendet wurden, betrug ein halbes, vielleicht auch ein ganzes Jahr. So genau weiß das Wenzel Storch selbst nicht mehr. Fest steht nur eins: Solche Filmkulissen hat es noch nie gegeben. Einen solchen Film auch nicht. Mit den Filmbauten wuchs auch das Drehbuch wie ein Eiskristall. Je mehr von dem möglich wurde, was zu Drehbeginn unmöglich schien, desto mehr wurde ins Buch integriert. In der Kurzfassung geht es darum, daß Kapitän Gustav, Herr über ein gigantisches Weinbergschneckenschiff, eine Insel entdeckt, auf der der brutale König Knuffi herrscht. Gustav nimmt den Kampf auf. In der Langfassung spielen eine Kaninchenzeitmaschine, perlenbesetzte Teppichklopfer, echte Bären, Gottesanbeterinnen und Frösche tragende Rollen.

Gedreht wird ausschließlich mit Laien, Freunden, Bekannten. Alle helfen mit. Sogar Journalisten, die sich gerade auf dem Set befinden, werden bei den Arbeiten eingespannt. Auch bei Minustemperaturen, dann dreht Wenzel Storch am liebsten. Weshalb? »Vielleicht weil's dann kälter ist und alle so schön frieren«, meint der Mann frostig. Das hatte ich nicht eingeplant.

Herr Storch ruft, und ich muß den kleinen warmen Verschlag, der einmal König Knuffis Schloßküche war und jetzt als Garderobe dient, verlassen. Draußen in der Halle schlägt mir die Kälte entgegen. Was ich dann sehe, läßt mich erst recht frösteln. Vor mir steht König Knuffi, mit goldener Lockenperücke und von Pickelkratern übersätem nacktem Oberkörper.

Seilspringen

Kunstreiten

Rollerblading

3–7 Sport im Dritten Reich.

Schubkarre

Klingelstreich

An beiden Armen trägt der grausame Monarch Hakenkreuzbinden. Dieses Symbol gefällt dem Ekelpaket neuerdings deutlich besser als sein altes Wappen mit den gekreuzten Teppichklopfern. Und jetzt, in dieser Szene, will Knuffi fliehen. Mit der Zeitmaschine, dem riesigen weißen Kaninchen mit rot blinkenden Augen aus Pergamentpapier und einem rotierenden Nasenpropeller. Wohin, ist ziemlich klar.

2–10

Damit es beim Start der Zeitmaschine ordentlich blinkt und flackert, habe ich mit einem Stück Pappe vor dem Scheinwerfer rumzufuchteln. Immerhin herrscht in seiner Nähe eine einigermaßen erträgliche Temperatur. Doch bevor die Szene abgedreht ist, fliegt die Sicherung raus. Das ist gut für mich, denn ich kann wieder zurück in mein Kabuff. Mittlerweile ist es nämlich schon zwei Uhr nachts, und ich bin nicht nur durchgefroren, sondern auch sehr erschöpft.

Gut für den Film ist die Drehpause natürlich nicht, aber Polarfuchs Wenzel Storch, der heute schon neun Stunden gedreht und sich in dieser Zeit kein einziges Mal aufgewärmt hat, nimmt die Unterbrechung mit stoischer Gelassenheit. Sicherungen brennen hier laufend durch.

Demnächst soll der Film wahrhaftig abgedreht sein und irgendwann im Herbst in die Kinos kommen. Aber vielleicht doch besser erst im Winter.

Auch in dem 1.000-Quadratmeter-Kühlschrank am Hildesheimer Hafen ist für heute Schluß. Es ist halb vier. Morgens, versteht sich. Am nächsten Wochenende will Wenzel Storch und sein Expeditionsteam zum Drehen in den Harz. Man hofft auf Kälte und einen Schneesturm.

Aus »die tageszeitung«, 18.3.2000.

8 »Mit dem Häschen kann man offenbar beliebig durch die Zeit juckeln. Vor oder zurück, ganz wie Majestät belieben.«

9, 10 Der Glanz dieser Tage: Zeitreise per Hüpfball (vgl. Seite 134).

8

9

10

Und hier was für Freunde der Technik:

Glühliste

	Glühbirnen	Watt	Watt insgesamt
König Knuffis Schloß			
Thronsaal	120	60	7.200
Schlafzimmer	35	60	2.100
Küche	10	60	600
Waschküche	8	40	320
Bankettsaal	82	60	4.920
Wandelgänge	40	200	8.000
Käpt`n Gustavs Schiff			
Kapitänskajüte	9	500	4.500
Ballsaal	18	200	3.600
	88	15	1.320
Maschinenraum	45	200	9.000
	34	40	1.360
	8	300	2.400
Bordkino	5	100	500
Vorführraum	5	100	500
	1	200	200
Schlafzimmer	11	500	5.500
Baderaum	22	200	4.400
Keller	26	150	3.900
	2	200	400
Korridore	12	500	6.000
Bordwand	5	200	1.000
	4	500	2.000
Die Rückblende: Gustavs			
& Knuffis Bohrstation			
Häuschen	2	200	400
	1	500	500
Gästeschuppen	1	500	500
Außenkulissen			
Schloßfassade	6	200	1.200
	6	500	2.000
Bohrstation	1	200	200
Insgesamt	**607**		**75.520**

11

TIERE,
BLUMEN,
PRIESTER,
MUTTIS,
MÖBEL

TIERE, BLUMEN,
PRIESTER, MUTTIS, MÖBEL

Du bist, so sagen die Medien, nicht nur ein »genialer Quartalsirrer« (»Hamburger Abendblatt«), sondern auch Deutschlands »seltsamster« (»Der Spiegel«), »tollkühnster« (»Rolling Stone«), »wagemutigster« (»Szene Hamburg«), »exzentrischster« (»Geo«), »extremster« (Sarah Kuttner) und »besessenster« (»Die Welt«) Filmemacher. Außerdem »Deutschlands größter Märchenfilmer« (»Frankfurter Rundschau«). Wie lebt es sich mit solchen Superlativen?

Ach naja, das sind so Sprüche. Wobei du vergessen hast, daß ich auch noch »Deutschlands bester Regisseur« bin. So stand's im Herbst '92 in der »Titanic«. Später hat sich Hans Mentz, der Humorkritiker, noch einmal verbessert. Seitdem bin ich »der beste Regisseur der Welt«.

Speziell *Die Reise ins Glück* ist in der Presse regelrecht gefeiert worden. Von der »Bild«-Zeitung bis zur »Jungle World«, fast überall wurde der Film gepriesen oder mit warmen Worten bedacht. Wenn ihn auch sonst keiner gesehen hat, von den deutschen Filmkritikern kann man das nicht sagen.

Das klingt so, als ob du Zahlen hören willst … Bei
Der Glanz dieser Tage waren's 3.000 Zuschauer, die
Besucher wurden damals nicht so genau gezählt. Bei
Sommer der Liebe waren's 32.000. *Die Reise ins Glück*
hatte, auch wieder im Eigenverleih, 26.000 Zuschauer.
Davon allerdings 10.000 Festivalbesucher, und die
zählen ja nicht.

Aber wo wir grad bei Besucherzahlen sind: Mein
erfolgreichster Film war ein Musikvideo, »Altes Arschloch Liebe« für Bela B. Das haben zehnmal mehr Leute
gesehen als alle drei Filme zusammen.

Wie kam es dazu?

Das war Zufall. Herr B. hat sich, als im Frühjahr 2009
Die Reise ins Glück als Doppel-DVD rauskam, gleich
einen ganzen Karton, 20 oder 30 Stück, gekauft. Ich
glaube, zum Weiterverschenken. Von daher hatte er
mich wohl auf dem Schirm, als es um das Video ging.

**Das war dein erster kommerzieller Videoclip. Hast
du eine Lieblingsszene oder eine Lieblingseinstellung?**

Wie Bela in der Bastelszene einmal kurz mit der Schere
schnippt, das ist schon sehr hübsch. Könnte sein, daß
das meine Lieblingseinstellung ist. Sehr romantisch

finde ich auch die Schlußeinstellung, wo die Mutter das »Scheiße«-Gemälde aufhängt. Die hat MTV vor der Videopremiere leider abgeschnitten, die war nur auf der Single beziehungsweise auf Myspace zu sehen. Schade, ich fand's eigentlich recht komisch, daß der Clip mit »Altes Arschloch« anfängt und mit »Scheiße« aufhört. Wobei der »Scheiße«-Schriftzug noch aus *Sommer der Liebe*-Zeiten stammt. Das war der Prototyp für eine »Scheiße«-Tapete, mit der Oleander das Nonnenkloster tapezieren sollte.

Weil man mit Musik kein Geld mehr verdienen kann, verlegen sich die Musiker schon seit geraumer Zeit aufs Schreiben. Nun also auch die Filmemacher?

Das stimmt, daß man mit Musik kein Geld verdienen kann. Das war schon vor 30 Jahren so. 1984 ist auf Pissende Kuh Kassetten die Kassette »Hey Wenzel« erschienen, die wollten nur zehn oder 15 Leute haben, obwohl da ein schönes Poster mit bei war. Bei meinem ersten Tape waren's noch weniger, allerdings war die 11–13 Laufzeit auch bloß drei Minuten. Das war eine C 1,5. Da waren bloß zwei Lieder drauf. Dafür lag der Kassette ein Fanzine mit einem Exklusivinterview bei. 14–19

Dein Sammelband »Der Bulldozer Gottes« beherbergt ja ziemlich Heterogenes, Kuli- und Filzstift-

zeichnungen, Endreimgedichte, absurde Kurzprosa, eine Hörspielparodie auf das pädagogisch wertvolle Jugendradio der Siebziger und schließlich deine mit Privatfotos, Zeichnungen, Zeitschriftenausrissen, Comics, Werbeanzeigen, Plattencovern und allerlei anderem Bildmaterial reich illustrierten Essays. Das geht entschieden in Richtung Gesamtkunstwerk. Siehst du dich so?

Ich hab's nicht so mit der Selbstexegese. Bei »Gesamt-kunstwerk« zucke ich allerdings zusammen. Da denke ich an genialische Malerfürsten, die mit deutschem Gruß auf Seifenblasen reiten, sich im Schlamm wälzen und dabei Kinderbücher schreiben. Und gleichzeitig noch besoffen sind und auf Stelzen gehen. Sowas wie Katja Riemann, die ja nebenher noch schauspielert … Daß bei den Büchern gattungsgeschlechtlich einiges durcheinanderpurzelt, ist natürlich gewollt – ich hab eben einfach zusammengefegt, was bei mir so herum-lag. Die Leute denken ja immer: Man ist bis ans Ende seines Lebens Filmemacher, bloß weil man drei Filme gemacht hat, aber in die Filmwelt bin ich ja auch nur so hineingerutscht. Ich hab nebenher immer auch andre Sachen gemacht. Bilder gemalt, oder auch mal eine Bastelarbeit, irgendwelche Klebebildchen aus Bunt-papier, aus Stoffresten und Klinkertapete, oder mal ein Gedicht. Die Sachen kennt nur keiner, weil ich die nicht vorgezeigt habe. Eine Auswahl davon ist jetzt in den beiden Sammelbänden gelandet.

Die Hauptsache sind aber diese bilderreichen Aufsätze, die ein wenig an die »Titanic«-Kolumnen von Max Goldt erinnern, auch was den Stil angeht. Du prunkst ja hier – von den Storch-notorischen Ausflüge in die Fäkal- und Urogenitalsphäre mal abgesehen – mit einer klassischen, bildungsbürgerlichen Diktion, und spickst das Ganze mit allerlei Lesefrüchten.

Naja, es fließt halt immer ein, was mich gerade so beschäftigt. Und wo du die »Fäkal- und Urogenitalsphäre« ins Spiel bringst, da hätte ich gleich eine Lesefrucht anzubieten. Vor ein paar Wochen ist mir Ludwig Tiecks »Waldeinsamkeit« in die Finger geraten, eine traumhaft schöne Novelle aus Tiecks Spätphase, einer Zeit, in der der alte Mann fast nur noch herrliche Geschichten geschrieben hat. In der Novelle tritt ein Fäkalienliebhaber auf, ein Anbeter der Notdurft. Das ist natürlich eine Figur, über die ich beim besten Willen nicht hinweglesen konnte. Und so würde es mich gar nicht wundern, wenn sich das eine oder andre Zitat daraus demnächst in einen meiner Texte verirrt. Übrigens, was Tieck betrifft: Auch wenn Leute wie Peter Hacks gerne auf dem herumhacken, weil er vielleicht ein bißchen schlampig

298

"The sets knock you for six with their lavish cornucopia of detail. There flickers across the screen a wild mix of animation and real-life film photography, from the hand of Germany's most daredevil film-maker." ROLLING STONE

"A comedy adventure film, fantastic as a fairytale, taking you back to the flamboyant films of this genre from the 50s and 60s."
FILM & TV KAMERAMANN

"On a budget of a mere few hundred thousand Euros, up-and-coming German Director, Wenzel Storch, has delivered a spectacular feature film; which ought in fact have cost many millions."
DIE ZEIT

"An adventure fairytale set in a dream world somewhere between, rococo, rampant capitalism and Sesame Street." TITANIC
(Germany's leading satirical magazine)

"Wenzel Storch is hailed by fun loving cinemagoers, and his loyal fan-club alike, as 'that wacky genius'. "
DER SPIEGEL

SYNOPSIS

Captain Gustav is looking forward to going into well-earned period of peace and quiet.

His snail ship with its colourful, raggle-taggle crew of man and beast (including, to name but a few, a brown bear, an owl, and a whole range of frogs) washes up on a mysterious island.

Excited at the prospect of blissfully early retirement, preparations are made for disembarkation, because no one has the faintest idea that at the very hub of the island there resides and rules an evil king...

Character labels (in photo circles)
- Ship's Orchestra with its lovelorn singer
- Gustav's First Mate, grumpy by nature, but with a furry heart of gold
- 1 snail ship
- 5 of the Captain's children
- Eva the Captain's bewitching bride
- King Knuffi who rules from beneath the sign of the carpet-beater
- Captain Gustav
- The King's Devoted Grannies
- The King of the Gourmets, who will become a victim of brainwashing.
- 8 Animal Lackeys
- 2 Ministers of Propaganda, notorious for their constantly bursting bladders
- 3 Clearvoyant Snowmen
- 1 owl
- 5 frogs
- Natives, whom science had long since held to be extinct
- ...and 1 white rabbit

WENZEL STORCH PRESENTS
JOURNEY INTO BLISS

WEIRD

MIND-BLOWING

FANTABULOUS

A CONVERSATION WITH LEADING ACTOR JÜRGEN HÖHNE

It looks pretty cosy in that diving suit. How did it feel wearing it?

Hideous! Try walking around all day with a great spherical contraption around your belly and your arms and legs stuck in plastic tubes.

As Captain Gustav in the BLISS you have your first on-screen sex scene.

Shhhhh! The wife knows nothing! She'll freak out when she sees the film! It's totally harmless compared to most of what you see in movies nowadays – not much you can get up to in a diving bell really. Your arms stuck out there in a horizontal position – makes even blowing your nose a circus feat.
As for a quick grope – forget it!
One of your fellow actors is a fully grown bear.

I'm an animal lover and we had a load of fun together. But you gotta be careful with those guys. I can tell you, I didn't go in for much stroking. But he was wild about my dachshund's doggie biscuits, which sure put me in his good books.

How do you relax after a long day on the set?

I down a couple of beers. You've got to work off the stress somehow. Or I take a walk with my wife and the dog.

Do you have any role models?

Everyone has their own favourites. The wild west has always been it for me. Unfortunately, all the old heroes like John Wayne on to the happy hunting grounds in the sky. I can watch their films over and over. They were great craftsmen. Just like Wenzel is now!

Jürgen Höhne, who until he went into retirement, used to drive a truck between Hamburg and Bordeaux, is 67 years old and lives with his wife and dachshund in a village just outside Hanover.

THE CHARACTERS

THE VOICES

THE TEAM

1

2

2–10 »Altes Arschloch Liebe«. Musikvideo für Bela B., 2009.

3

4

5

6

7

8

9

10

11 »Der Glanz dieser Tage«. Pissende Kuh Kassetten, 1984.
12 »Hey Wenzel«. Pissende Kuh Kassetten, 1985.
13 »C'est l'amour«. Cover der nicht mehr erschienenen dritten Wenzel-Storch-Kassette.
14 Klausi-Interview. Beilage, 1984.

15 Das »Hans Moser Sonderheft« wurde 1985 im Herbst/Winter-Katalog der Fa. Pissende Kuh Kassetten angekündigt, ist aber nie erschienen.

16–18 Hans Moser ist in der Wiener Autostop-Szene bekannt wie ein bunter Hund. Auf seinem Feuerstuhl nimmt er am liebsten Anhalterinnen mit.

19 Mit den Anhalterinnen fährt er dann zum nächsten Schlachter und bestellt Bockwürste für sich und die Girls.

20 Original Wim-Thoelke-Kumpel-Ofen. Klinkertapete und Edelholz-Dekofolie.
Mit den echten Augen von Wim Thoelke aus »Hör zu«.

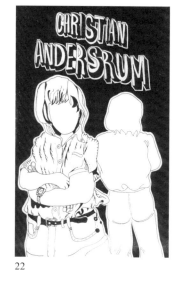

21 Schmetterlinge können nicht weinen. Bastelarbeit für Jürgen Marcus.
22 Christian Andersrum.
23 Erste Liebe.
24 Erste Seite eines nicht weitergezeichneten Hanns-Martin-Schleyer-Comics.
25 Elke Sommer.

oder rauschgiftsüchtig war – dieser Tieck ist immerhin sowas wie die »zerstückelte Leiche im Koffer der Literaturgeschichte«. Ich weiß zwar nicht hundertprozentig, was das Zitat bedeuten soll. Aber ich kann's auswendig, weil es so schön klingt. Das stammt von irgendeinem Tieck-Biographen aus der Ostzone.

Daß du dich in der Popkultur auskennst, also bei Petzi, Karl May, im frankobelgischen Abenteuercomic, bei den Teeny-Pop-Zeitschriften, hat man erwartet. Aber jetzt wird auf einmal intime Kenntnis des bürgerlichen Lesekanons suggeriert – Wilhelm Raabe, Theodor Fontane, Thomas Mann, alles parat. Sind das bloße Google-Girlanden, oder was steckt dahinter?

Dahinter steckt eigentlich nur, daß ich am Tag 40 oder 50 Seiten lesen muß, weil ich sonst schlecht draufkomme. Das war schon in der Schulzeit so. In den Achtzigern hab ich mir immer montags den »Spiegel« gekauft, aber davon wird man ja erst recht schwermütig. Dann hatte ich vor einigen Jahren einen schlimmen Rückfall in Sachen Karl May. Das war, als das mit *Die Reise ins Glück* immer schlimmer wurde, sich die Rechnungen immer höher stapelten – damals waren über 20.000 Euro beim Kopierwerk offen – und ich keine Lust mehr hatte, ans Telefon zu gehen. Das lohnte sich ohnehin nicht, weil da dauernd der böse Mann von Dixiklo dran war und rumgebrüllt hat, wo das Geld bleibt. Das muß zwischen 2000 und 2003 gewesen sein, da lag ich oft stundenlang wie ein Käfer auf dem Rücken. Völlig apathisch. In der Zeit habe ich rund 10.000 Seiten Karl May in mich reingestopft, den kompletten Orient-Zyklus, »Old Surehand« I bis III und noch ein paar andere dieser eigenartigen Reiseromane. Zum zweiten- oder drittenmal übrigens, die hatte ich ja bereits als Kind verschlungen. Danach dachte ich: Das kann so nicht weitergehen! Probier doch mal was anderes – mal was ohne Trapper und Beduinen. Dann hab ich mir den »Taugenichts« von Eichendorff, um den ich ohnehin schon seit Jahren rumgeschlichen war, aus der Stadt-bücherei geholt, und fand den genauso gut wie »Old Surehand«. Vielleicht sogar noch einen Tuck besser. Und dann, ich weiß nicht wie, ging's los: Ich dachte mir, versuch's doch mal mit Fontane, der soll ja auch ganz gut sein … Ich war dann jedenfalls ziemlich schnell angefixt, ich neige ja, wenn ich was gut finde, zu einem gewissen Suchtverhalten. Und eh man sich versieht, entwickelt man seine Vorlieben, das ist bei schöner 26–32 Literatur nicht viel anders als beim Rauschgift. Raabe, Stifter, Tieck – das ist schon sehr erstaunliches Zeug, was die Herren da zusammenfabuliert haben. Grade im frühen und mittleren 19. Jahrhundert – offenbar eine Blütezeit, was psychedelische Literatur angeht …

Da fragt man sich beim Lesen dauernd, was die wohl genommen haben. Sowas wie »Die Heimkehr vom Mondgebirge« oder »Die Narrenburg«, wie die »Gläsernen Gedichte« oder diese ulkige Novelle von Wilhelm Raabe, wo die angenagelten Gespenster hinter den Tapeten wohnen … Alles sehr, sehr eigenartig und sehr ansprechend. Aber wo ist denn jetzt der Faden geblieben? Ach ja, hier – ich weiß wieder: Du hattest nach den »Google-Girlanden« gefragt, und ob die Thomas-Mann-Kenntnisse echt sind … Wenn ich mir all das zusammengoogeln wollte, würde es in den Texten wahrscheinlich von Fehlern und Halbwahrheiten wimmeln – ich finde, man sollte die Werke, auf die man sich bezieht, schon ein wenig kennen. Aber natürlich: Da rutscht auch mal ein Spruch mit durch, den ich zufällig aufschnappe. Also, wenn ich Adorno zitiere zum Beispiel – den hab ich garantiert nie gelesen. Adorno wär mir zu schwer, und außerdem: Bei Adorno gibt's keine Dialoge.

Ein paar der Essays fügen sich zu einer kleinen Popgeschichte des Katholizismus. Woher kommt eigentlich diese polemische Fixiertheit auf den Katholizismus?

»Polemische Fixiertheit«, das ist irgendwie nicht die treffende Kategorie. Wenn man zwischen Klingelbeutel und Rosenkranz groß wird, und wenn dann vielleicht auch noch der Rohrstock regiert, dann schleppt man das, in welcher Form auch immer, bis ans Lebensende mit sich rum, das ist nun mal so. Aber das muß ja nicht gleich tragisch sein. Bei mir kommt vielleicht hinzu, daß meine Kindheit mit Hausaltären, Maiandachten, Weihrauchfässern und Beichtzetteln nachgerade zu-geballert war. In der Woche flogen die Kopfnüsse durchs Zimmer, und am Wochenende gab's was mit dem Stöckchen. Das hieß also: immer schön in die Knie gehen … Ich hab's mal überschlagen: Bis zur Volljährigkeit muß ich mindestens 50.000 Kreuzzei-chen geschlagen haben. Morgengebet, Abendgebet, hier ein Vaterunser, dort ein »Gegrüßet Seist du Maria«, dazwischen der Engel des Herrn und allerlei Tischgebete – das läppert sich.

Von daher wär's komisch, wenn sich das nicht in meiner Filmproduktion niedergeschlagen hätte. Im letzten Film kommt Kirche dann gar nicht mehr vor, bis auf die Schlußszene, in der der Schneckerich das alte Gotteshaus besteigt. Kirche war also kein Thema mehr für mich. Daß der Spuk im Rahmen der Text-produktion, das muß so Ende 2007 gewesen sein, dann noch einmal zurückgekehrt ist, hat mich selbst über-rascht. Und daß ich inzwischen wieder Freude an den Gottesmännern und ihrem Treiben empfinde, auch.

Dein Schreiben hat etwas von einer Bastelarbeit, ist darin dem filmischen Werk gar nicht so unähnlich. Wie entstehen diese Text-Bild-Collagen?

Wenn ich mich mit solchen Phänomenen wie dem »Maschinengewehr Gottes« oder dem Speckpater beschäftige, dann sammele ich zunächst möglichst viel Material. Das ist oft sehr entlegenes Zeug, denn das sind ja Leute, die der Amtskirche heute peinlich sind. Früher waren das Helden, heute sind die irgendwo verscharrt. Insofern ist das Grabpflege, was ich betreibe, oder besser Geburts- bzw. Wiedergeburtshilfe: römisch-katholischen Zombies aus dem Sarge helfen … Wie auch immer, das Material liegt also nicht unbedingt am Straßenrand.

2010 habe ich mich für »konkret« auf eine »Pilgerreise in die wunderbare Welt der katholischen Aufklärungs- und Anstandsliteratur« begeben, mich in monatelanger Klausur durch ganze Traktat- und Groschenheftberge gewühlt und mich dabei auch durch das Gesamtwerk des Würzburger Prälaten Berthold Lutz gelesen, der ja schon den *Glanz dieser Tage* mitbeeinflußt hat. Berthold Lutz war der wahrscheinlich beste Kenner der Erektion, den die katholische Kinder- und Jugendliteratur je hatte, und außerdem Schriftleiter der von ihm gegründeten Knabenzeitschrift »Unser

26–30 Dichter der Neuzeit. Ingeborg Bachmann (26), Siegfried Lenz (27), Arno Schmidt (28), Jack Unterweger (29), Gabriele Wohmann (30).

Mit Arno Schmidt durchs Jahr

Ein Kindermalwettbewerb der Volksbank Bargfeld

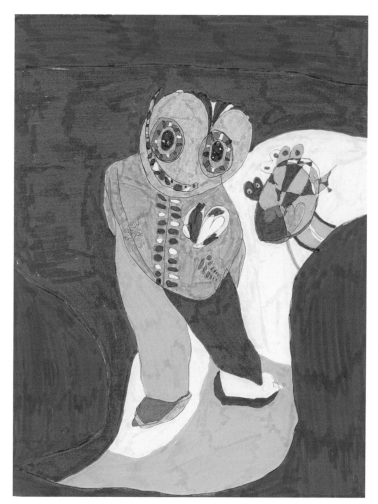

Der Dichter, verfolgt von einem Dechiffrier-Syndikat

Mai

Montag	Dienstag	Mittwoch	Donnerstag	Freitag	Samstag	Sonntag
	1	2	3	4	5	*5. Sonntag der Osterzeit* 6
7	8	9	10	11	12	*6. Sonntag der Osterzeit* 13
14	15	16	*Christi Himmelfahrt* 17	18	19	*7. Sonntag der Osterzeit* 20
21	22	23	24	25	26	*Pfingstsonntag* 27
Pfingstmontag 28	29	30	31			

31, 32 Der Monatskalender »Mit Arno Schmidt durchs Jahr« erschien von Januar bis Dezember 2012 in der Zeitschrift »konkret«.

Mit Arno Schmidt durchs Jahr

Ein Kindermalwettbewerb der Volksbank Bargfeld

»Er sieht ihr lange & gerührt id Hintern.« Dr. Kornfeger, der Truppenarzt der Bussiliatischen Rotte,
untersucht Grete Fohrbach und schreibt sie »»rv.‹ (= rottnverwendungsfähich)«.
Abend mit Goldrand, xiv. Aufzug Bild 40

Oktober

Montag	Dienstag	Mittwoch	Donnerstag	Freitag	Samstag	Sonntag
1	*Schutzengelfest* 2	3	4	5	6	*Rosenkranzfest* 7
8	9	10	11	12	13	*28. Sonntag im Jahreskreis* 14
15	16	17	18	19	20	*29. Sonntag im Jahreskreis* 21
22	23	24	25	26	27	*30. Sonntag im Jahreskreis* 28
29	30	31				

33

34

35

36

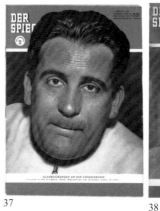

37

38

39

33 Liturgisches Fingerschloß.

34 Als Firmling.

35–38 Katholische Zombies.

39 Das Schneckenschiff hat es faustdick hinter den Ohren. Am Ende des Films besteigt es ein steinaltes Kirchlein und ergießt sich direkt in den Beichtstuhl.

40–49

50

50 Der Zeichner Rattelschneck betrachtet Wenzel Storchs Mönchskäsesammlung.
One-Hour Galerie, Berlin, März 2005.

51

52

53

54

52–54 Pin-ups aus »Leuchtfeuer Ministrant«, »Unser Guckloch« und »Am Scheidewege«.

Leuchtfeuer
Ministrant

9 September '77

55

56

57

58

59

55 »Mißbrauch aktuell«: Das Meßdienerfachblatt.
56, 57 »Fick und Fotzi«. Jugendmagazin, 1982.
58 Mutti.
59 Das »Mutti«-Bild fand später Eingang in das Fake-Kinderbuch »Arno & Alice«.

Guckloch«. An alte »Gucklöcher« mit ihren wunder-
schönen Meßdiener-Pin-ups zu kommen, ist übrigens 51–54
gar nicht so einfach – aber wenn man sie denn mal
besitzt, ist die Freude groß. Und wenn die weitgehend
unbekannten, weil vergessenen Texte, mit denen man
sich beschäftigt, so bizarr sind wie im Falle Lutz, dann
läuft's, wenn man Glück hat, fast automatisch: Dann
verschmilzt der fremde Quatsch mit dem Unsinn, den
man sich irgendwann selber mal notiert hat. Für den
Fall liegt hier ein dicker Schnellhefter, da stehen Hunderte von komischen Sätzen drin – lauter zusammen-
hangloses, zum Teil recht dubioses Zeug, das mir in
den letzten 20 Jahren so durch den Kopf geschossen
ist. Das wurde früher auf Zetteln notiert und dann in
die Schreibmaschine gehackt, heute kommt's in eine
Word-Datei. Da schreibe ich auch gute Stellen aus
Büchern rein. Stellen, von denen ich nicht möchte, daß
ich sie wieder vergesse. Zum Beispiel heute morgen
den Satz: »Wenn die Liebe zu stark wird, zerreißen die
Kleider.« Der ist von Karl May. Den spricht die dicke
Seiltänzerin in »Die Liebe des Ulanen«.

Was sind denn – in Gottes Namen – Meßdiener-Pin-ups?

Das sind stimmungsvolle Bilder von Knaben, in der
Regel im weißroten Röckchen. Meist kniend, oft in

allen möglichen Posen oder Verrenkungen. Beim Prozessieren, beim Bimmeln mit dem Glöcklein, beim Grashüpferstreicheln. Halb- oder ganzseitige Motive mit eigentlich recht unklarer Bestimmung, wobei Meßdiener-Pin-up natürlich kein offizieller Begriff ist. Schon auf dem Umschlag bezeugen frühe »Guckloch«-Hefte – das gilt auch für Konkurrenzmagazine wie 55–57 »Am Scheidewege« oder »Leuchtfeuer Ministrant« – einen feinen Sinn fürs Pädofiziale. So fangen die Fotografen immer wieder gekonnt den Zauber blanker Bubenbeine ein, knipsen pralle Gesäßbacken im Gegenlicht, gern in abgewetzten, straff sitzenden Lederhosen. Dazu meist ein kesser Spruch: »Der Leib ist für den Herrn da; bewahrt ihn tadellos für seine Ankunft!« – irgendwas in der Richtung. Wie der Herr heißt und wann er tatsächlich kommt, das steht natürlich nicht dabei.

Die Kirchenliteratur war sexuell aufgeladen?

Das liegt wohl an der Kundschaft. Es waren ja in erster Linie die Schwarzröcke, die diese Heftlein bezogen, um sie, nachdem sie sie ausstudiert hatten, an ihre Blagen weiterzureichen. Was die Verwendung angeht, da bin ich überfragt. Die neuen Hefte wurden wohl als Betthupferl mit ins Pfarrhaus genommen, wobei die stimmungsvollsten Motive im Spind des Priesters verschwunden sein dürften. Es mag auch sein, daß betuchte Pfarrherrn ein kleines Medaillon unter der Sutanelle trugen, in dem die herausgerissenen Seiten, mehrfach gefaltet oder liebevoll zerknüllt, ihren Platz fanden. Die Sutanelle: Wie lange habe ich diesen schönen, alten Ausdruck nicht mehr benutzt? So nannte man in meiner Dienstzeit – als Meßdiener auf dem Lande – den halblangen Priesterrock, das sogenannte Priesterzivil.

Du siehst, ich habe ein Faible für diese sonderbare und schauerromantische Terminologie. Das Purifikatorium, die Inzensation, das Thuribulum, das Ziborium, das Sekret, das Pädofizium ... Oder heißt es: das Pädofikium? Ist ja auch egal. Das sind jedenfalls schöne alte Begriffe aus einer Zeit, als der Pfarrer noch das Bildnis seines Lieblingsministranten im Portemonnaie trug.

Apropos Bildnis: Das kuriose Bildmaterial hat starken Anteil an der komischen Wirkung deiner Aufsätze. Hast du dir ein Archiv für solche Trouvaillen angelegt?

Ich hab vor 25 Jahren damit angefangen, Bilder aus Zeitschriften auszuschneiden. Was mich halt so ansprach. Mit der Zeit ist das immer mehr geworden, und irgendwann hab ich die Sachen mal sortiert. Nach so Themen:

Tiere, Blumen, Priester, Muttis, Möbel usw. Das sind Hunderte von Bildern, aus Sex- und Modezeitschriften, aus Prospekten und Versandhauskatalogen, aus Pfarrbriefen usw. Wie viele genau das sind, weiß ich nicht. Wenn ich einen Praktikanten hätte, würde ich den mal dazu verdonnern, die alle durchzuzählen. Oder mir die Bild für Bild fein säuberlich aufzulisten, in einer Excel-Tabelle … Naja, und wenn ein Text fertig ist, dann mach ich mich halt auf die Suche nach den passenden Motiven. Oft schwebt mir dann schon was Genaueres vor. Das geht mal mehr, mal weniger schnell. Wenn ich einen Text mit 30 oder 40 Bildern illustriere, dann kann das schon mal dauern. Hin und wieder stolpere ich übrigens in der »Titanic«, in der Kolumne von Max Goldt, über ein Bild, das ich auch in meiner Sammlung habe. Max Goldt wäre bestimmt ein guter Tauschpartner, was selbstausgeschnittene Bilder angeht. Wobei, keine Ahnung, ob der seine Bilder noch selber ausschneidet. Jetzt, wo er den Kleist-Preis hat, läßt er wahrscheinlich ausschneiden …

Über einen Besuch in der verrufenen Hildesheimer Discothek be bop, die als ein beinahe märchenhaftes Refugium skizziert wird, schreibst du im *Bulldozer Gottes*: »Irgendwann wurde das Pfeifen im Ohr leiser, und dann konnte man ihn blubbern hören,

den Brei aus Schule, Kirche und Elternhaus, der draußen auf einen wartete.« Und ein paar Seiten später folgt ein Zitat von Walter Benjamin: »Und darum läßt sich eines nie wieder gut machen: versäumt zu haben, seinen Eltern fortzulaufen.« Das Buch endet wohl nicht ganz zufällig mit einer perfiden Filzstiftzeichnung von »Mutti«. Man hat ja auch in deinen Filmen immer wieder den Eindruck, das sind um drei Ecken Abrechnungen mit deiner Kindheit. Was wirfst du deinen Eltern vor?

Aber die Skizze von Mutti ist doch nicht perfide! Ist die nicht eher süß? Außerdem ist das die Skizze der Universalmutter. Unserer globalen universellen Mutti. Meine sieht ganz anders aus. Nein, meinen Eltern werfe ich nichts vor. Die haben ja, ohne es zu wissen, an meinen Büchern mitgeschrieben. Beziehungsweise an den Filmen mitgedreht. Eigentlich hätte ich mich bei denen auf der letzten Seite – und im Abspann – bedanken müssen.

58, 59

ANHANG

KASSETTOGRAPHIE

Der Glanz dieser Tage
1984, C 1,5. Mit Fanzine Klausi und Einschulungsposter. Pissende Kuh Kassetten III-11.
A: Süß wie die Erdbeeren sind die Sonnentage im Mai. B: Der Glanz dieser Tage.
Rezensionen
(Anon.): Und zuguterletzt zwei neue Meisterwerke aus der PKK-Anstalt. In: Bierfront 5, 1985.

Hey Wenzel
1985, C 20. Mit Hey-Wenzel-Poster. Pissende Kuh Kassetten III-13.
A: Kleines Vorspiel. Wenzelexpreß. Hermann Naujoks erzählt 1 Märchen. Kleiner Tanz. Die 3 Beknackten: Hey Wenzel. Hohnsteiner Kasper + Rosi. From Me To You. B: Erdbeer Gang: Endzeitblues. Wenzel Senior: 3,4. Wenzel + Piep. Heut samma blöd. Wenzel Senior: Kufsteinlied. Baron Lallu fährt Bimmelbahn.
Rezensionen
(Anon): Ein harter Marsch durchs Kinderzimmer. In: Bierfront 2, 1986.
Lutz Pruditsch: NAUJOKS gitarrist WENZEL STORCH hat ein neues tape raus! In: Starparade der singenden Gipfelstürmer 4, 1985.
Günter Sahler: Varel ain't no funky town. Edition Blechluft 4. Kassette sich wer kann – Eine Reise durch die Kulturlandschaft der Kassettentäter, Lindlar 2005.
Frank Apunkt Schneider: Kassettografie – BRD. In: Frank Apunkt Schneider: Als die Welt noch unterging. Von Punk zu NDW. Mainz 2007.

Hermann Naujoks und die Naujoks: In Flagranti
1985, C 20. Pissende Kuh Kassetten III-12.
A: Einmal das Herz ausschütten (so richtig von Mensch zu Mensch). Wer biß die nackte Ulla. Aka-Aka-Ka. Unter hohen Tannen. Tschiwapschischi (Stunden in der Sonne braten, Fischstäbchen fressen). B: Hamburg – Rostock (der ganze Weg am Stock). Heinrich will nach Hollywood. Die Elefanten tanzen Cha-Cha. Echt kaputt die Frau (sie zeigt Bein und Knie). El Condor Pasa.
Rezensionen
(Anon.): Sehr wahnsinnig geraten ist das Erstlingswerk von Hermann Naujoks und die Naujoks. In: Bierfront 1, 1985.
(Anon.): Pissende Kuh Kassetten bleibt *das* Kassettenlabel für den außergewöhnlichen Geschmack. In: Bierfront 2, 1985.
(Anon.): Bierfront Charts. In: Bierfront 3, 1985.
(Anon.): Kassettenlabel stellen sich vor. Pissende

Kuh Kassetten. In: EB/Metronom 2, 1985.
Matthias Lang: Die ganze Kassette hört sich so an, als wäre sie im Vollrausch entstanden. In: EB/Metronom 3, 1986.
Günter Sahler: Die Kölner Jugend gegen den Rest der Welt. Edition Blechluft 4. Kassette sich wer kann – Eine Reise durch die Kulturlandschaft der Kassettentäter. Lindlar 2005.
Iko Schütte: Bergsteiger sprachlos, der Gipfel ist weg! Hermann Naujoks und die Naujoks. In: Kulturserver Hildesheim. Pissende Kuh Homepage, 2009.

Audiotape

FILMOGRAPHIE

Der Glanz dieser Tage
1989, Spielfilm.
93 Minuten, Farbe, 8/16 mm BlowUp.
Rezensionen
Carl Andersen: Nonnen-Werbung. In: Neues Deutschland, 17.2.1994.
Ders.: Zuhülf! Mein Storch bohnert … In: scheinschlag 2, 1994.
(Anon.): Schrille Rache. In: Braunschweiger Stadtzeitung 8, 1990.
(Anon.): Der kuriose Film. In: Filmspiegel, 26.3.1991.
(Anon.): Der Glanz dieser Tage. In: Horst Schäfer/Walter Schobert (Hg.): Fischer Film Almanach 1991. Frankfurt/M. 1991.

Audiotape

Dieser Film ist schlicht und einfach eine Zumutung.
Udo Lemke SÄCHSISCHE ZEITUNG

(Anon.): Katholischer Schlüpferstürmer. In: Klenkes 4, 1991.
(Anon.): Alkohol im Film. In: Prinz Hamburg 6, 1990.
(Anon.): Besiegt: Schlüpferstürmer. In: Prinz Köln 3, 1991.
Renate Apitz: Der Glanz dieser Tage. In: Frankfurter Rundschau, 7.8.1990.
(bec): Glaubenssalbe hilft. In: Nürnberger Nachrichten, 24.11.1990.
(br): Vorhang auf für Schlüpferstürmer und Busengrapscher. In: Hildesheimer Allgemeine Zeitung, 14.8.1990.
Leon Bukowiecki: Riazanow i inni. In: Po prostu, 31.5.1990.
Andreas Busche: Glanz dieser Tage. In: 24 Stunden Tirana 4, 1996.
Christina Bednarz: Der Storch und der Busengrapscher. In: CINEMA 10, 1993.
Ders.: Film ärgert Kirchenväter und Schnapsbrenner. In: Neue Presse, 9.6.1990.
Marcus Coelen: Sequenzen. In: StadtRevue 5, 1990.
Ernst Corinth: Der Glanz dieser Tage. In: Hannoversche Allgemeine Zeitung, 9.6.1990.

Wiglaf Droste: Gebendeite Mettbrötchen. In: tip 15, 1991.

Erhard Ertel: Ein Veto für den naiven Film. In: DER VERRISS – Berliner Gemeine 4, 1991.

(F.F.): Gag an Gag: Ein Mann sattelt auf Priester um. In: Berliner Kurier, 17.2.1994.

Thomas Gaschler: Der Glanz dieser Tage. In: Blickpunkt:Film 33, 1993.

Ders.: Wenn wir schon von Likör reden … In: Howl 8, 1990.

Hans Gerhold: Folterkammer filmischer Idioten. In: Westfälische Nachrichten, 16.11.1990.

(G.H.): Der Glanz dieser Tage. In: Nürnberger Abendzeitung, 23.11.1990.

(G.K.): Der Glanz dieser Tage. In: Kölner Illustrierte 3, 1991.

Ronald Glomb: Furios-fröhliche Attacke auf den guten Geschmack. In: Spandauer Volksblatt, 28.3.1991.

Graf Haufen (d. i. Karsten Rodemann): Popel für den Vatikan. In: Splatting Image 5, 1990.

Volker Gunske: Schlüpferpriester und Popelgrapscher. In: taz berlin, 28.3.1991.

Ronald Gutberlet: Der Glanz dieser Tage. In:

Filmplakat

Hier wird derart ausgelassen in die klerikale Kacke getreten, daß es nur so spritzt.

Reinhard Westendorf STADTBLATT OSNABRÜCK

Szene Hamburg 12, 1989.

Ders.: Popel für den Papst. In: Szene Hamburg 6, 1990.

Ders.: Aus dem Bauch der Kirche. In: taz hamburg, 16.12.1990.

Jan Gympel: Der Glanz dieser Tage. In: zitty 4, 1994.

K. E. Hagmann: Der Glanz dieser Tage. In: film-dienst 15, 1990.

Silvia Hallensleben: Als Buddha katholisch wurde. In: Der Tagesspiegel, 29.8.2013.

Klaus Hammerlindl: Komische Katholiken. In: Plärrer 11, 1990.

Hoheisel/Kutscher: Die erste deutschen Don-Camillo-Jim-Knopf-Klonung. In: Snap 7, 1990.

Dieter Hurcks: Sturm im Schlüpfer. In: Prinz Hannover 6, 1990.

Günter H. Jekubzik: Der Glanz dieser Tage. In: Aachener Volkszeitung, 15.4.1991.

Frank Jinx: Der Glanz dieser Tage. In: EB/Metronom 25, 1990.

(JoCo): Weihnachten auf Erden gibt es nicht. In: Pop Noise 11, 1991.

kaa-65 (d. i. Karsten Zinsik): Wie hat Gott die Luft gemacht? In: Das Organ. Studentisches Kommunikationsblatt der TUC 12, 1990.

Ders.: Wenzel Storch: »Der Glanz dieser Tage«. In: NMI/Messitsch 2, 1991.

Thomas Kerpen: Der Glanz dieser Tage. In: Ox 18, 1994.

Peter Körte: Schlüpfriger Schnapsbrenner. In: Frankfurter Rundschau, 21.6.1990.

Otto Kuhn: Der Glanz dieser Tage. In: Stuttgarter Nachrichten, 12.7.1991.

Udo Lemke: Unsere verkitschte, verlogene Welt. In: Sächsische Zeitung, 22.3.1991.

Hans Mentz (d.i. Christian Y. Schmidt): Glänzender Film. In: Titanic 6, 1990.

Ders.: Zweimal billiger Film. In: Titanic 4, 1991.

Olaf Neumann: Der Glanz dieser Tage auf dem Lande. In: Hamburger Rundschau 25, 1990.

Ders.: Blasphemie in Belgien. In: Public 5, 1994.

Ders.: Wenzel Storch. In: Schädelspalter 6, 1990.

Papst Pest (d. i. Frank Buchholz): Stürmt der Schlüpfer in die Kirche, geht der Pfarrer Gott suchen … In: Bierfront 1, 1991.

Volker Pohl: Der Glanz dieser Tage. In: Filmriss 12, 1989.

Martina Prante: Glaubenssalbe & Schlüpferstürmer. In: Hildesheimer Allgemeine Zeitung, 6.4.1990.

(P.T.): Skandal um Schnaps. In: Prinz Köln 5, 1990.

(Rko): Von Popen und Popeln. In: Stuttgarter Zeitung, 11.7.1991.

Frank Apunkt Schneider: Alle Macht der Super 8. Filme im Umfeld der NDW. In: Frank Apunkt Schneider: Als die Welt noch unterging. Von Punk zu NDW. Mainz 2007.

Andreas Schweiger: Glanz dieser Tage. In: Subway 8, 1990.

Georg Seeßlen: Der Glanz dieser Tage. In: epd Film 10, 1990.

(sk): Ein später Priester sammelt Popel für den Vatikan. In: Lehrter Anzeiger, 3.10.1990.

(thc): Deformierte Produkte. In: die tageszeitung, 19.4.1990.

(tu): Gerhard Otto Plage droht Filmproduzent mit einstweiliger Verfügung. In: Sarstedter Kreis-Anzeiger, 24.4.1990.

Hagen Weiss: Der Glanz dieser Tage. In: Besonders wertlos. 2. Festival des deutschen psychotronischen Films. Katalog, Bochum 2000.

Reinhard Westendorf: Popelig. In: Stadtblatt Osnabrück 8, 1990.

Interviews

André Gröger/Ruwen Kopp: Topfit zur Frühschicht. In: André Gröger/Ruwen Kopp (Hg.): Ausgetrunken. Mikrokosmos Trinkhalle: eine Feldforschung zwischen Herz und Leber. Diplomarbeit, Mainz 2009.

Wolfgang Linneweber: Wenzel Storch: »Popel für den Papst«. Westzeit 3, 1991.

Simone Unger: Zwischen Geisterbahn und Klapsmühle. Ein Interview mit dem Filmemacher Wenzel Storch über katholische Wunderländer, die Kunst, Kekse auf Stoff zu kleben und den Unterhaltungswert der Kastelruther Spatzen. In: Lit08. Drogen & Rausch, 2008.

Sommer der Liebe

1992, Spielfilm.

89 Minuten, Farbe, 8/16 mm BlowUp.

Drehberichte

Olaf Neumann: Am Tag als Conny Kramer starb. In: Schädelspalter 8, 1991.

Kai Nungesser: Die wunderbare Welt des Wenzel Storch. In: Prinz Hannover 2, 1993.

Rezensionen

Günter Anders: Das war der Tag, als Conny Kramer starb ... In: B.Z., 25.9.1993.

Carl Andersen: Nonnen außer Rand und Band. In: Berliner Kurier, 23.9.1993.

Ders.: Wieder ein Kultfilm! Bitte kneif mich! In: Neues Deutschland, 23.9.1993.

(Anon.): Freaks und Freiheit – Hildesheimer Hippie-Hit. In: Bild Hannover, 4.2.1993.

(Anon.): Flower-power aus deutschen Landen. In: Focus 44, 1993.

(Anon): Bizarrer Liebesfilm. In: Hamburger Abendblatt, 4.3.1994.

(Anon.): Hat Rosenkohl Soul? In: Hamburger Morgenpost, 3.3.1994.

(Anon.): Strawberry Bombs. In: in münchen 10/11, 1994.

(Anon.): Sommer der Liebe. In: Ulrich Höcherl/Ulrich Scheele (Hg.): Kino und Video Jahrbuch 94. München 1994.

(Anon.) Sommer der Liebe. In: Mädchen 22, 1993.

(Anon.): Flower-Power in Deutschland. In: Neue Revue 43, 1993.

(Anon.): Hippie-Schock. In: Schädelspalter 11, 1994.

(Anon.): Poll 94. In: Spex 2, 1995.

(Anon): Sommer der Liebe. In: StadtRevue 3, 1994.

(Anon): Popwürste. In: Süddeutsche Zeitung, 11.3.1994.

(Anon.) Sommer der Liebe. In: TV SPIELFILM 22, 1993.

(Anon): Humor wie bei Monty Python. In: Westdeutsche Allgemeine Zeitung, 11.6.1994.

(AS): Leiche im Römertopf. In: Kölnische Rundschau, 16.12.1993.

Christina Bednarz: Sommer der Liebe. In: CINEMA 10, 1993.

Michael Bischoff: Die Sprüche der Ausgeflippten. In: Nürnberger Nachrichten, 10.2.1994.

Ralph Boch: Der Glanz dieser Tage/Sommer der Liebe. In: Münchner 10, 1991.

Arne Braun: Sommer der Liebe. In: LIFT 1, 1994.

Matthias Bruns: Kolpingfamilie Adlum präsentiert am 9. Mai 1993: »Sommer der Liebe«. Bemerkungen zum Film. In: Harsumer Lokalzeitung 5, 1993.

Alf Burchardt: Mein lieber Schwan. In: Tempo 10, 1993.

Ernst Corinth: Krautrock-Superstar. In: Hannoversche Allgemeine Zeitung, 11.2.1993.

Claudius Dahlke: Sommer im Herbst. In: charakter 10, 1994.

(D.K.): Sommer der Liebe. In: coolibri 6, 1994.

Der Mann mit der roten Jacke (d. i. Axel Killmann): Zahlen, Fakten, Hintergründe. In: Der Jochen 31, 1993.

Der Mann mit der roten Nase (d. i. Axel Killmann): Ein schöner Tag in meinem Leben. In: Der Jochen 32, 1993.

Wolfgang Döbler: Matter Glanz. In: Westfälische Nachrichten, 11.12.1992.

Wiglaf Droste: Conny Kramer im Römertopf. In: tip 21, 1992.

(fe): Verklemmte Phantasien. In: Südkurier, 14.7.1994.

(FOX): Sommer der Liebe. In: Morgengrauen 11, 1995.

Anja Freyer: Held im Römertopf, Hippie im Kekshaufen. In: Neue Presse, 29.1.1993.

Claudia Frickel: Mangelnder Sarkasmus: »Deutsche Komödie tut niemandem weh«. In: Oberhessische Presse, 15.1.1996.

Thomas Gaschler: Sommer der Liebe. In: Blickpunkt:Film 33, 1993.

Ders.: Golgatha im Römertopf. In: WIENER10, 1993.

Ders.: Es werde lustig! In: Prinz München 3, 1994.

Hans Gerhold: Sommer der Liebe. In: Fischer Film Almanach 1994. Frankfurt/M. 1994.

(G.H.): Sommer der Liebe. In: Abendzeitung, 11.2.1994.

Graf Haufen (d. i. Karsten Rodemann): Krautrock, Igelsafari und der gute Märchenonkel. In: Splatting Image 15, 1993.

Filmplakat

Ein Film, der vergeblich seinesgleichen sucht und wahrscheinlich nur den Härtesten der Harten zusagen wird.

Wolfgang Schäfer ROCK HARD

Axel Grumbach: Riesenfrechheit! 80.000 DM Steuergelder verschleudert für geschmacklose 70er Jahre Film-Klamotte. In: SUPER!-Bierfront 3, 1995.

Ronald Gutberlet: Popwürstchen vom »Blow Up«-Schänder. In: Szene Hamburg 5, 1993.

Ders.: Junger Wilder. In: Die Woche 43, 1993.

Jan Gympel: Sommer der Liebe. In: zitty 19, 1993.

Ders.: Sommer der Liebe. In: zitty 21, 1994.

Ralf Hedwig: Der Heilige Film II. Spirituelle Erleuchtung im Storch-Universum. In: Absurd 3000 2, 2000.

Gerhard Henschel: Flokati-Fisimatenten. In: tip 20, 1993.

Ders.: Sommer der Liebe. In: tip Film Jahrbuch 10, Berlin 1994.

Ders.: Filmelf. In: Gerhard Henschel/Günther Willen: Supersache! Lexikon des Fußballs. Greiz 1994.

Antje Herms: Flowerpower Revival. In: Subway 11, 1993.

Wilfried Hippen: Haare – und Hosen mit Schlag. In: taz bremen, 21.1.1994.

(HJK): Für eine Handvoll D-Mark. In: Stadtblatt Osnabrück 1, 1993.

Oliver Hüttmann: Sommer der Liebe / Der
Glanz dieser Tage. In: OXMOX 11, 1993.

Bernd Imgrund: Drogen? Na logen! In: die
tageszeitung, 24.9.1993.

Martin Jasper: Der wilde Wille zum Schrill-
schrillen. In: Braunschweiger Zeitung,
20.11.1993.

(jk): Viel schöner, als es wirklich war. In: taz
hamburg, 2.12.1993.

Thomas Kerpen: Sommer der Liebe. In: Ox
18, 1994.

Ein Film, der einem den Feierabend gründlich vergällt.

Hans Messias KATHOLISCHER FILM-DIENST

(kir): In Schlaghosen durch den Irrwitz. In:
Mannheimer Morgen, 8.1.1994.

(kle/axl): »Und beim ersten Film sind auch
viele gegangen«. In: Emder Zeitung,
17.5.1993.

Tobias Kniebe: Sommer der Liebe. In: jetzt.
Das Jugendmagazin der Süddeutschen
Zeitung 43, 1994.

Dietrich Kuhlbrodt: Von Lesben gestohlen.
Das traurige Schicksal des »Sommers der
Liebe« von Wenzel Storch. In: junge Welt,
25.8.1994.

Ders.: Extravaganzen. In: Ronald Herzog/
Jürgen Hillmer (Hg.): NRW feiert 100 Jahre
Kino. Bielefeld 1995.

Victor Lachner: Those were the days. In: Ultimo 10, 1994.

Hans Mentz (d. i. Christian Y. Schmidt): Hu-
morkritik spezial. In: Titanic 9, 1992.

Ders.: Sommer der Liebe. In: Titanic 10, 1993.

Ders.: Liebesfrühling. In: Titanic 3, 1994.

Hans Messias: Sommer der Liebe. In: film-
dienst 26, 1993.

Ronald Meyer: »Was'n das?« »Nix, das poppt
eben!« In: Göttinger Tageblatt, 9.7.1994.

Eckart Müller: »Sommer der Liebe« von Wenzel Storch. In: Weser-Kurier, 21.1.1994.

Olaf Neumann: Wenzel Storch. In: filmwärts
25, 1993.

Ders.: Flower-Power im schönen Hildesheimer
Land. In: Hildesheimer Allgemeine Zeitung,
25.3.1994.

Ders.: Sommer der Liebe. In: Schädelspalter
2, 1993.

Hans Nieswandt/Christian Storms: Sommer
der Liebe. In: Spex 3, 1994.

Papst Pest (d. i. Frank Buchholz): Wenzel Storchs
»Der Sommer der Liebe« jetzt auch auf
Pantoffel Kult Video Format! In: Bierfront 3,
1994.

Jan Pehrke: Film als Hobby. In: Terz 6, 1994.

Oliver Rahayel: Sommer der Liebe. In: Stadt-
Revue 12, 1993.

Kai-Hinrich Renner: Nonnen im Drogen-

rausch. In: WIENER 10/1993.

Alexander Reuter: Poster im Kloster. In: Müns-
tersche Zeitung, 11.12.1992.

(Rko): Farben satt. In: Stuttgarter Zeitung,
15.1.1994.

Wolfgang Schäfer: Sommer der Liebe. In:
Rock Hard 1, 1995.

Christian Y. Schmidt: Lieblingskomödien. In:
filmwärts 25, 1993.

Ders.: Lieber NABU! In: Titanic 8, 1994.

Christoph Schomberg: Am Tag, als … In:
Hamburger Rundschau 10, 1994.

Martin Schwarz: Sommer der Liebe. In: az andere zeitung 4, 1994.

Ders.: Die schrille Welt der Siebziger. In:
Dresdner, 10, 1994.

(See): »Sommer der Liebe«. In: Kölner-Stadt-
Anzeiger, 18./19.12.1993.

Georg Seeßlen: Glücksmomente '92. In: Der
Tagesspiegel, 27.12.1992.

Ders.: Das Meisterstück des armen Kinos. In:
Der Tagesspiegel, 30.9.1993.

Ders.: Sommer der Liebe. In: epd Film 12,
1993.

(SPOT): Haarsträubend. In: Stadtblatt Osnabrück 4, 1994.

Christian Storms: Ein Sittengemälde. In: Spex
10, 1993.

Ders.: Helge Schneider: Der wichtigste Mann
Mülheims wenn nicht Nordrhein-Westfalens.
In: Spex 1, 1994.

(ths.): Wenn Blumenkinder träumen. In: Bild
am Sonntag, 24.10.1993.

(UM): Billige Witzchen im Hippie-Kloster. In:
Express, 16.12.1993.

(W.W.): Conny Kramers Erbe. In: Wochenpost
39, 1993.

*Über die Aktion der »Frauen/Lesben«-Gruppe
»Die Wilden Spulen (II)«*

(Anon.): Frauen gegen »Sommer der Liebe«.
In: epd Film 9, 1994.

(Anon.): Virulente Ignoranz: »Der Sommer der
Liebe«. In: Göttinger Drucksache 159, 1994.

(Anon): Filmverbot. Kein Sommer der Liebe.
In: Labecula. Feministische Zeitschrift für
Niedersachsen 3, 1994.

(Anon.): Sommer der Liebe. In: LIFT 10, 1994.

(Anon.): Zensur der Dummen. In: Prinz 10, 1994.

Martin Büsser: Sommer der Liebe. Ein Film
von Wenzel Storch. Plus Nachspiel. In: Zap
103, 1994.

Hartmut El Kurdi: Gefährlicher Pipikram. In:
Public 9, 1994.

Film und Kino Initiative: »Sommer der Liebe«
im Lumière Göttingen gestohlen. In: rund-
brief. Zeitschrift für Soziokultur in Niedersachsen 14, 1994.

Maren Floßdorf: Eigentor. Flugblatt gibt Rätsel
auf. In: Extra Tip. Die große Göttinger Sonn-
tags-Wochenzeitung, 23.10.1994.

Nils Folckers: Komik vor Gericht. In: Nils Folckers/
Wilhelm Solms (Hg.): Was kostet der Spaß?

Wie Staat und Bürger die Satire bekämpfen. Marburg 2001.

Gereon Klug: Sommer der Liebe im Fadenkreuz. In: Koma 9, 1994.

Thomas Korth: Eine »Sommer-Liebe« ohne »happy-end«! In: Kehrwieder am Sonntag, 28.8.1994.

(rom): Wenzel Storchs Film »Sommer der Liebe« wird doch wieder in Göttingen gezeigt. In: Göttinger Tageblatt, 26.10.1994.

Mariam Niroumand: »Wir werden euch genau beobachten«. In: die tageszeitung, 13.10.1994.

Christian Y. Schmidt: Danken, »einige Frauen/Lesben« … In: Titanic 9, 1994.

Carol Senander: Wenzel der Liebe. Nachtrag zu Wenzel Storchs Zelluloid-Delirium »Sommer der Liebe«. In: scheinschlag 23, 1994.

(ut): Göttinger Komödie. Frauen beschlagnahmen »Sommer der Liebe«. In: Blickpunkt:-Film 31, 1994.

Interviews

Michael Bruns/Andreas Busche/Tobias Prinz: »Wir müssen durch die Hölle gehen, um den Himmel zu sehen«. In: unsere kleine welt 2, 1994.

Ernst Corinth: Sympathie für lange Haare. Gespräch mit dem Regisseur Wenzel Storch. In: Hannoversche Allgemeine Zeitung, 11.2.1993.

Claudius Dahlke: Bester Regisseur der Welt. In: charakter 7, 1994.

Peter Feist: Toff, töffer, am töffsten. In: junge Welt, 22.9.1993.

Christian Göttner: Der Sommer der Liebe: Eine Offenbarung! In: Subway 5, 1994.

Barry Graves: Gespräch mit Wenzel Storch. In: Nachtclub, 24.9.1993.

Thomas Kerpen/Jörg Just: Männer am Rande des Nervenzusammenbruchs. In: Ox 19, 1995.

Kathrin Reulecke: Sweet als Indianer. In: Stuck 1, 1995.

Interviews mit Iko Schütte:

Stefan Raab: Gespräch mit Iko Schütte. In: Vivasion, 28.3.1993.

Interviews mit Jürgen Höhne

Olaf Neumann: »Scheißkirche«. In: Public 8, 1991.

Schacht – Das war sein Leben

1993, Stummfilm.
30 Minuten, Farbe, 8 mm.
Spielleitung, Kamera: Wenzel Storch. Buch: Hartmut El Kurdi. Produktion: Ulrike Willberg.

Rezensionen

Martin Jasper: Mit der Feuerwehr hat's keine Kuh mehr schwer. In: Braunschweiger Zeitung, 8.6.1993.

Martina Prante: Rudi Schacht und die große Liebe seines Lebens. In: Hildesheimer Allgemeine Zeitung, 8.5.1993.

Michael Quasthof: Rudi Schacht nimmt »Rache

für Rosa«. In: Göttinger Tageblatt, 18.9.1993.

Ders.: In Heersum sind die Säue los. In: Hannoversche Allgemeine Zeitung, 14.9.1993.

Everybody's Into Rock'n Roll

1994, Musikvideo.
Spielleitung, Kamera: Wenzel Storch. Produktion: One Million Dollar Records. Darsteller: Hank Ray, Elke Holzenkämpfer, Björn Schreiber. Schnitt: Alexander Decker.

Drehberichte

Klaus Trelewsky: Everybody's into Rock'n Roll (Take 69). In: Subway 12, 1994.

Sommer der Liebe

1994, VHS. Plus Bonusszenen. Jelinski & Buttgereit.

Der Glanz dieser Tage

1994, VHS. Plus Bonusszenen. Jelinski & Buttgereit.

Die Reise ins Glück

2004, Spielfilm.
73 Minuten, Farbe, 35 mm.

Vor- und Drehberichte

(Anon.): Wenzel Storch kehrt zurück. In: Blickpunkt:Film 7, 2000.

(Anon.): Kultfilm-Produktion in Lagerhalle. In: Das Rhenus Magazin 1, 1999.

(guk): Kartoffelsäcke kleiden König Knuffi. In: Peiner Zeitung, 31.11.1999.

Gerhard Henschel: Rettet Knuffis Rübenroder! In: Titanic 2, 2000.

Kerstin Hergt: Ausflug ins Wunderland. In: Hannoversche Allgemeine Zeitung, 27.11.1999.

Video

Video

Der mit Schmuckborten versehene Industrieschrott zeigt, daß hier ein Film entsteht, der irgendwo in einer Traumzeit zwischen Rokoko, Hochkapitalismus und Sesamstraße spielt.

Gerhard Henschel TITANIC

Katja Hilge: Kinderschar aus Salzgitter ist ein Highlight des Films. In: Salzgitter-Zeitung, 1.12.1999.

Thomas Jahns: Alfelder Bärendame spielt tierische Rolle in Kinofilm. In: Alfelder Zeitung, 7.12.1999.

Martin L. König: Im Rausch der Bilder. In: Prinz Hannover 1, 2000.

Christian Kortmann: Nicht schlecht, Herr Storch. In: Die Zeit 34, 2000.

Karl-Heinz Krüger: ZAPP! am Set. In: zapp! Das junge Magazin der Hildesheimer Allgemeinen Zeitung 6, 1999.

Claus Löser: Fabrik des Wahnsinns. In: tip 13, 2000.

Ralf Neite: Schnecken-U-Boot und ein Bär an der Orgel. In: Hildesheimer Allgemeine Zeitung, 31.12.1998.

327

Filmplakat

Ders.: Nicht einmal Honig lockt die launische Diva. In: Hildesheimer Allgemeine Zeitung, 9.10.1999.

Norbert Neumann/Sibylle Bergemann: Menschen, Tiere, Sensationen. In: Geo 11, 2000.

Olaf Neumann: Abenteuer in Hildesheim. In: Film & TV Kameramann 5, 2000.

Ders.: Horror, Hippies und Hochwürden. Die psychedelische Filmfabrik des Wenzel Storch. In: Rolling Stone 9, 2000.

Ders.: Im tiefen Tal der Superhelden. In: Schädelspalter 12, 1999.

Karen Roske: The Making Of ... In: Public 11, 1999.

Christian Y. Schmidt: In König Knuffis kaltem Reich. In: die tageszeitung, 18.3.2000.

Ders.: Generation Okay. In: konkret 5, 2000.

Sigrid Tinz: Die fantastische Reise ins Haus der U-Boot-Schnecke. In: Subway 2, 2000.

Über die »Wenzel-Storch-Benefiz-Galas«

(Anon.): Rettet den Storch! In: Focus 7, 2000.

(Anon.): Alle für einen: Musketiere der Literatur im Pavillon. In: Neue Presse, 18.2.2000.

(Anon.): Hilfe für Knuffi in Not. In: Der Spiegel 7, 2000.

(Anon.): Storchen-Rettung. In: stern 3, 2001.

(Anon.): Dem Fantastilliardär. Die Wenzel-Storch-Gala. In: Der Tagesspiegel, 23.11.2001.

(Anon.): Kollekte bitte. In: taz berlin, 23.11.2001.

Ernst Corinth: Kohle für Knuffi. In: Hannoversche Allgemeine Zeitung, 21.2.2000.

(hell): Storch, was kommt von draußen rein? In: DIE WELT, 24.5.2002.

Wenzel Storch, der Maniker aus Hildesheim, taucht tief ins kollektive Unbewußte hinab. Schwarze Kapellen treffen auf Clementine, der Ich-Panzer ist ein Schneckenhaus und das Begehren wird polymorph-pervers.

Daniel Wiese TAZ HAMBURG

(jut): Stars zahlen sogar Hotelrechnung selbst. In: Hildesheimer Allgemeine Zeitung, 22.2.2000.

Annette Kilzer: Nie mehr Schulden. In: taz berlin, 8.8.2000.

(ks): Entwicklungshilfe für Regisseure. In: Hamburger Morgenpost, 11.1.2001.

Claus Löser: Rettet Wenzel Storch, Kapitän Gustav & ihren Film. In: tip 24, 2001.

René Martens: Bären-Dienste. In: Die Woche 2, 2001.

Eberhard Spohd: Vertrauen ist gut, Zutrauen ist besser. In: taz hamburg, 11.1.2001.

(tw): Erlesene Literaten lesen, um Film zu retten. In: Neue Presse, 21.2.2000.

Lutz Wendler: Bares für Schräges. In: Hamburger Abendblatt, 23.5.2002.

Rezensionen

Magdi Aboul-Kheir: Glücksreise. In: Südwest Presse, 19.5.2005.

(ad): Psychedelischer Kino-Trip. In: Prinz München 1, 2005.

Eckart Alberts: 18. Fantasy Filmfest. In: Hamburger Morgenpost, 12.8.2004.

(Anon.): Die Reise ins Glück. In: Blickpunkt:-Film 50, 2004.

(Anon.): Zehn Jahre auf Umwegen zur bunten »Reise ins Glück«. In: Chemnitzer Morgenpost, 25.2.2005.

(Anon.): Die Reise ins Glück. In: CINEMA 1, 2005.

(Anon.): Kult-Hit. In: coolibri 2, 2005.

(Anon.): Die Reise ins Glück. In: Kölner Illustrierte 1, 2005.

(Anon.): »Die Reise ins Glück«. In: Leipziger Volkszeitung, 6.1.2005.

(Anon.): Psychedelisches Trash-Abenteuer. In: LIFT 4, 2005.

(Anon.): Herr Storch erbittet Landeerlaubnis. In: Prinz Berlin 1, 2005.

(Anon.): Märchenland auf LSD. In: Prinz Hannover 1, 2005.

(Anon.): S(chiff)odomie, wie? In: Regensburger Wochenblatt 15, 2005.

(Anon.): Hoffen und Bangen. Hurra! Wenzel Storchs neuer Spielfilm ist endlich fertig. In: die tageszeitung, 23.3.2004.

(Anon.): König Knuffi im Kino. »Wie Terry Gilliam auf Crack« – Die Reise ins Glück beginnt. In: die tageszeitung, 26.7.2004.

(Anon.): Die Reise ins Glück. In: TV DIGITAL 1, 2004.

(Anon.): Die Reise ins Glück. In: TV SPIELFILM 1, 2005.

Doris Achelwilm: Greller als die Sonne. In: Spex 1-2, 2005.

Stefan Beer: Reif für die Insel. In: plan F. Beilage der Frankfurter Rundschau 1, 2005.

Rupert Bottenberg: Hairy scary fairy tale. The lurid la-la-land of Wenzel Storch's A Journey Into Bliss. In: Montreal Mirror 20, 2004.

Jörg Brandes: Die Reise ins Glück. Psychedelischer Aberwitz von Kino-Fantast Wenzel Storch. In: Hamburger Morgenpost, 6.1.2005.

Martin Büsser: Drogenbeauftragter im Märchenland. In: Intro 124, 2005.

Ders.: Auf die Omme. In: junge Welt, 7.1.2005.

Ders.: Im Beichtstuhl des Grauens. Der Filmemacher Wenzel Storch. In: testcard 18: Regress. Beiträge zur Popgeschichte. Mainz 2009.

Flesh Cakes: A Journey Into Bliss. In: Ain't It Cool News, 10.8.2004.

(Capone): Journey Into Bliss. In: Ain't It Cool News, 9.10.2004.

Oliver Clark: Die Reise ins Glück. In: diggla 6, 2006.

(Cthulia): there is something really, *really* wrong with Germans. In: Livejournal, 7.4.2005.

Mitch Davis: A Journey Into Bliss. In: FanTasia 2004. Katalog, Montreal 2004.

(DC): A Journey Into Bliss. In: ici 42, 2004.

Manon Dumais: Émergence des profondeurs. In: Voir 28, 2004.

Knut Elstermann: Ein Bär besucht König Knuffi. In: Berliner Zeitung, 6.1.2005.

(FF): Handgemacht. »Die Reise ins Glück« ist tatsächlich eine. In: hinnerk 1, 2005.

Lukas Foerster: Die Reise ins Glück. In: critic. de – die Filmseite, 20.12.2005.

Pascal Forget: Je ne veux pas manquer A Journey Into Bliss ... In: Ztélé, 15.7.2004.

Jens Friebe: Endverstrahlt ist noch untertrieben. In: Jungle World 1, 2005.

Michael Gingold: What's so scary about FanTasia? In: Fangoria 241, 2005.

(gk): Trip: Die Reise ins Glück. In: Kieler Nachrichten, 3.3.2005.

Thomas Groh: Es war einmal ... In: F.LM – Texte zum Film, 6.8.2004.

Ders.: »Die Reise ins Glück« reist ins Glück. In: Jump Cut Magazin, 6.8.2004.

Jan Gympel: 5 Topfilme. In: zitty 27, 2005.

Ders.: Das kunterbunte Universum des Wenzel Storch. In: zitty 17, 2009.

Cornelis Hähnel: Bilderwelten. In: Schnitt 66, 2012.

Matthias Halbig: Bei Storch vergehen Hören und Sehen. Eine grandiose »Reise ins Glück«. In: Neue Presse, 13.1.2005.

Wilfried Hippen: Auf dem Schneckenschiff der Träume. In: taz bremen, 10.2.2005.

Ders.: Wenn Blut von der Leinwand tropft. In: taz nord, 14.12.2006.

Anneliese Holles: Naivety & Surrealism. Die Reise ins Glück. In: Blinking Kino 1, 2010.

Eric Horst: Die Reise ins Glück. In: playtime 2, 2005.

Bernhard Hübner: Monumental Strahl um Strahl. In: Abendzeitung, 5.1.2005.

(J.B.): Die Reise ins Glück. In: tz, 5.1.2005.

(JK): Journey Into Bliss. In: Chicago Reader, 8.10.2004.

Reinhard Kalb: Storch/Spielberg. Der eine hat Glück, der andere nicht. In: Nürnberger Zeitung, 24.12.2005.

Dimitri Katadotis: In a world of its own. In: Hour 26, 2004.

Frank Keil: Das Kino als Welterfindungsanstalt. In: DIE WELT, 8.1.2005.

Christian Keßler: Es reicht nach Pipi im Taka-Tuka-Land. In: Splatting Image 59, 2004.

Silke Kettelhake: Wenzel Storch, Autorenfilmer der anderen Art. In: fluter, 30.12.2004.

Ders.: Universum eines Heimarbeiters. In: fluter, 6.1.2005.

(KiR): Wenzel Storchs dritter Film ist wirklich schweineschlecht. In: B.Z., 6.1.2005.

Tobi Kirsch: Die Reise ins Glück vs. Popcornkino. In: Netzer 1, 2005.

Thomas Klingenmaier: Chemische Logik. In: Stuttgarter Zeitung, 7.4.2005.

Jeremy Knox: A Journey Into Bliss. In: Film Threat, 20.7.2004.

Andreas Körner: Nonsensationeller Abstrusen-Strudel. In: Sächsische Zeitung, 2.3.2005.

Daniel Kothenschulte: In der Aura verheddert. Deutschlands größer Märchenfilmer meldet sich zurück. In: Frankfurter Rundschau, 5.1.2005.

(kro): Seltsam. In: Nordwest Zeitung, 10.9.2004.

Dietrich Kuhlbrodt: Film des Monats. In: konkret 1, 2005.

Ders.: Brodt und Spiele. Blabla. In: Schnitt 36, 2004.

Deutschlands extremster Filmemacher. Wenn man den Film guckt, hat man das Gefühl: Ich bin auf sehr harten Drogen, oder irgendwas stimmt mit mir nicht.

Sarah Kuttner SARAH KUTTNER – DIE SHOW

Chip Lamey: VC's Fantasia Report Part 2. A Journey Into Bliss. In: Videocrypt, 3.8.2004.

Aleksi K. Lepage: Un monde fou, fou, fou. In: La Presse, 7.8.2004.

Sven Linkel: Die Reise ins Glück. In: OXMOX 1, 2005.

Claus Löser: Galerie der Verweigerer. Deutsches Kino abseits des Mainstream. In: Ralf Schenk/Erika Richter: apropos: Film 2001. Das Jahrbuch der DEFA-Stiftung. Berlin 2001.

Oliver Marquard: »Die Reise ins Glück«. In: Neues Deutschland, 6.1.2005.

Hans Mentz (d. i. Oliver Maria Schmitt): Storchs Glücksreise. In: Titanic 2, 2005.

Christian Meyer: Kika on Acid. In: choices 1, 2005.

Michael Meyns: Fantasy Filmfest. Die Reise ins Glück. In: zitty 17, 2004.

Ders.: Kinofantasie. In: zitty 2, 2005.

Ariana Mirza: Irrwitziges Fantasy-Märchen. In: Westfälische Nachrichten, 5.2.2005.

Peter Müller: Kryptische Kino-Kopfgeburt. In: Wiesbadener Kurier, 26.5.2005.

Olaf Neumann: Ist Wenzel Storch verrückt? In: Frankfurter Neue Presse, 27.12.2004.

Ders.: Sex im Taucheranzug. In: Schädelspalter 1, 2005.

(nik): Von Klavier-Bären und Eingeborenen-Bands. In: Bild, 6.1.2005.

Gerald Peary: Fruits of the fringe. In: The Boston Phoenix, 12.11.2004.

Martina Prante: Wo König Knuffi die Peitsche schwingt. In: Hildesheimer Allgemeine Zeitung, 10.9.2004.

Michael Quasthoff: Höllen-Breughel aus der Puppenkiste. In: Göttinger Tageblatt, 17.6.2006.

Ders.: Man sehe und staune. In: Hannoversche Allgemeine Zeitung, 8.1.2005.

Norbert Raffelsiefen: Harry Rowohlt macht den Bär. In: Kölner Stadt-Anzeiger, 6.1.2005.

Frankfurter Neue Presse, 27.12.2004

Sascha Rettig: Ihr seid schuld! In: tip 1, 2005.

Jonathan Rosenbaum: Journey Into Bliss. In: Chicago Reader, 8.10.2004.

Frank Schäfer: Wie Terry Gilliam auf Crack. In: Rolling Stone 1, 2005.

Hans Schifferle: Gustav in der Schnecke. In: Süddeutsche Zeitung, 5.1.2005.

Oliver Maria Schmitt: Angriff der Kirmes-Karnickel. In: Der Spiegel 3, 2005.

A risk-free acid trip for the price of a cinema ticket.

Pascal Forget ZTÉLÉ

Jörg Schöning: Der Fellini von Hildesheim. In: Szene Hamburg 1, 2005.

Thomas Schultze: Die Reise ins Glück. In: Fantasy Filmfest. 18. Internationales Festival für Science Fiction, Horror und Thriller. Katalog, München 2004.

Ders.: Die Reise ins Glück. In: Queer. Das schwul-lesbische Magazin, 28.7.2004.

Georg Seeßlen: Typisch Wenzel Storch: ein psychedelisches Abenteuermärchen. In: epd Film 2, 2005.

(sn): Liebevoller LSD-Trip in Zelluloid. In: Moviestar 1, 2005.

Lee Shoquist: Journey Into Bliss. In: Reel-MovieCritic, 7.10.2004.

Collin Souter: Journey Into Bliss. In: Hollywood Bitchslap!, 15.10.2004.

Marcus Stiglegger: Die Reise ins Glück. In: film-dienst 1, 2005.

Tim Sünderhauf: Die Reise ins Glück. In: WIDESCREEN 1, 2005.

Fritz Tietz: Fantastischer Bilderrausch. In: Eulenspiegel 1, 2005.

(TL): »Reise ins Glück«. In: Kölnische Rundschau, 6.1.2005.

Holger True: Einfach mal fröhlich durch die Wallachei wackeln. In: Hamburger Abendblatt, 6.1.2005.

Rick Trembles: Journey into piss! In: Montreal Mirror 24, 2004.

Carsten Tritt: Petzi-Bücher auf der Leinwand. In: Schnitt 36, 2004.

John Waterman: Journey Into Bliss. In: Filmbrats, 20.10.2004.

Heiko Weckbrodt: Gehirnwäsche auf dem Herren-Klo. In: Dresdner Neueste Nachrichten, 3.3.2005.

Daniel Wiese: Aus dem Bauch der Maschine. In: taz hamburg, 14.8.2004.

(WING): Urin-Instinkt. Wenzel Storch ist der König der Anarchen. In: Ultimo 2, 2005.

Dylan Young: FanTasia Diary: Week 1. A Journey Into Bliss. In: Hour 28, 2004.

Jenny Zichner: Die bunte Welt der Phantasie. In: Stadtstreicher 2, 2005.

Hans Zippert: Kein Weg zu weit. In: Berliner Morgenpost, 6.1.2005.

Ders.: Märchenhaft, psychedelisch: »Die Reise ins Glück«. In: DIE WELT, 6.1.2005.

Achim Zubke: Die Reise ins Glück. Der neueste Kult-Film von Wenzel Storch. In: hanfblatt 95, 2005.

Interviews

Andreas Astalos: Terry Gilliam auf Crack. In: Subway 11, 2004.

Jörg Buttgereit: Launische Bären vor der Kamera. Wenzel Storch über seinen neuen Film. In: epd Film 2, 2005.

Ders.: Es gab keine Fluchtwege. In: tip 17, 2004.

Markus Eber: Im Rausch der Bilder. In: gaffa 4-5, 2000.

Rasmus Engler: »Man dachte eben: wird schon werden«. In: Jörn Morisse/Rasmus Engler (Hg.): Wovon lebst du eigentlich? Vom Überleben in prekären Zeiten. München 2007.

Petra Gärtner/Ralf Hedwig/Christian Keßler/Hagen Weiss: Hey Wenzel! Interview mit Wenzel Storch. In: Absurd 3000 2, 2000.

Kathrin Hartmann: Schlafendes Kaninchen am Steuer. Wenzel Storch über seinen vollgestopften Film »Die Reise ins Glück«, der als einziger deutscher Beitrag beim Fantasy-Filmfest läuft. In: Frankfurter Rundschau, 9.8.2004.

Matthias Halbig: »Bei mir läuft vieles intuitiv«. In: Neue Presse, 13.1.2005.

Bernhard Hübner: Ruinös, opulent, Wahnsinn. In: Abendzeitung, 5.1.2005.

Jürgen Kuttner: Gespräch mit Wenzel Storch. In: Sprechfunk, 18.1.2005.

Sarah Kuttner: Gespräch mit Wenzel Storch. In: Sarah Kuttner – Die Show, 2.2.2005.

Olaf Neumann: Zurück zum Urknall. In: Public 3, 1994.

Frank Schäfer: »So was wie Acidprop«. In: die tageszeitung, 6.1.2005.

Corinna Stegemann: »Das ist ziemlich wahnsinnig«. Ein Wahrheit-Interview mit dem Trash-Regisseur Wenzel Storch zu seinem neuen Film. In: die tageszeitung, 11.1.2001.

Erik Stein: »Ich bin überhaupt kein Freund der Wirklichkeit.« In: Netzer 1, 2005.

Marcus Wildelau: »Ich könnte keinen Krimi machen, der nicht ins bescheuerte klappt«. In: GUM 3, 1998.

Interviews mit Jürgen Höhne

Petra Gärtner, Ralf Hedwig, Christian Keßler, Hagen Weiss: »Den kannst du nicht sitzen lassen«. In: Absurd 3000 2, 2000.

Olaf Neumann: »Das artet ja in Arbeit aus!« Hauptdarsteller Jürgen Höhne verehrt John Wayne und Wenzel Storch. In: Niedersachsen 10, 2000.

Ders.: »Ich kenne weder das Drehbuch noch die Handlung«. In: Schädelspalter 12, 1999.

Die Reise ins Glück

2009, Doppel-DVD. Mit Booklet und Poster. Cinema Surreal.

DVD 1: Die Reise ins Glück (71 Minuten). DVD 2: Wie man aus Düngerstreuern und Güllepumpen ein Schiff baut (55 Minuten). Die Herren mit der schwachen Blase (100 Minuten). Der Cumshot in den Beichtstuhl (23 Minuten). König Knuffi erinnert sich nicht (26 Minuten). Das vergessene Happy End (23 Minuten).

Rezensionen

(Anon.): Fieber mit Filmen. In: Der Forst, 12.2.2010.

Martin Büsser: Die Reise ins Glück. In: testcard 19: Blühende Nischen. Beiträge zur Popgeschichte. Mainz 2010.

Andreas Busche: Die Macht der Fantasie. In: epd Film 9, 2009.

Andreas Fischer: Die Reise ins Glück. In: COMPUTERBILD, 2.3.2009.

Ders.: Märchen im Drogenrausch. In: Monsters and Critics, 2.3.2009.

Karl Hafner: Neu auf DVD. In: Der Tagesspiegel, 19.3.2009.

Maria Holzmüller: In der Gehirnwaschanlage. In: Süddeutsche Zeitung, 27.2.2009.

Lukas Jötten: The private psychedelic reel. In: dvdheimat – magazin für dvd reviews, 2009.

Ders.: Wenzel Storchs Jürgen-Höhne-Trilogie. In: Sonderland, 7.3.2011.

Ekkehard Knörer: Ein immerwährender Flohmarkt der Fantasie. In: die tageszeitung, 12.3.2009.

Marcus Menold: Die Reise ins Glück. In: Virus 29, 2009.

Eric Pfeil: Alice im Plunderland. In: Frankfurter Allgemeine Zeitung, 15.4.2009.

Markus Raska: Wenzels Wundertüte. In: zitty 7, 2009.

Sascha Rettig: Kult. In: unclesally's 144, 2009.

Ralf Schenk: Ganz großes Heimkino. In: Der Tagesspiegel, 10.12.2009.

Martin Schmitt: Die Reise ins Glück. In: deadline 14, 2009.

Frank Apunkt Schneider: Die Reise ins Glück. In: Intro 170, 2009.

Georg Seeßlen: Jules Verne auf LSD. Das gottverdammt prächtige, umwerfend komische, elendiglich poetische Gesamtwerk des Wenzel Storch. In: Die Zeit 12, 2009.

Alexandra Seitz: Die Reise ins Glück. In: Ray 6, 2009.

Christian Steifen (d. i. Christian Keßler): Die Reise ins Glück. In: Splatting Image 78, 2009.

Jochen Werner: Dr. Snuggles und Mr. Hyde. In: F.LM – Texte zum Film, 31.3.2009.

Andreas Winterer: Sowas haben Sie noch nie gesehen. In: Evolver. Die Netzzeitschrift, 29.4.2009.

Achim Zubke: Die Reise ins Glück. In: hanfblatt 119, 2009.

Interviews

Martin Büsser: Martin Büsser im Gespräch mit Wenzel Storch. In: testcard 18: Regress. Beiträge zur Popgeschichte. Mainz 2009.

Calin Kruse: Wenzel Storch. Interview. In: die-nacht 6, 2009.

Altes Arschloch Liebe

2009, Musikvideo

Spielleitung: Wenzel Storch. Kamera: Wenzel Storch, Matthias Hänisch. Puppen: Majken Rehder. Puppenspieler: Katja Kiefer, Majken Rehder, Ulrike Willberg. Super 8 Footage: Stefan Möckel. Licht, Schnitt: Matthias Hänisch. Produktion: Four Music & Sony Music. Darsteller: Bela B., Annemarie Willberg, Konstanze Habermann. Länge: 4 Minuten.

Rezensionen

Hans Mentz (d. i. Leo Fischer): Neues von Wenzel Storch. In: Titanic 10, 2009.

Martin Riemann: Altes Arschloch Liebe. In: Intro 176, 2009.

Carsten Tritt: Analoge Träume. In: Schnitt, 23.3.2011.

Marc-André Weibezahn: Geglücktes Experiment. In: Public 10, 2009.

Interviews

DÄFC (d. i. Die Ärzte Fanclub): Altes Arschloch Liebe – das Video. In: Boulevard Bela. Online-Prawda, 2.10.2009.

Runhard Sage: Wieder bei Mutti. In: Filmspiegel 10, 2009.

Sommer der Liebe

2011, Doppel-DVD. Mit Booklet und Poster. Cinema Surreal.

DVD 1: Sommer der Liebe (84 Minuten). DVD 2: Sitzfußball und Gruppsensex (45 Minuten). Rickeracke Hippiekacke (57 Minuten). Der Grabstein (17 Sekunden). Wir wurden gehalten wie Tiere (5 Minuten). Resterolle aus dem Gartenschuppen des Cutters (3 Minuten). Altes Arschloch Liebe (4 Minuten).

Rezensionen

Christian Ade: Sommer der Liebe. In: FILM-TIPPS, 25.2.2011.

Doppel-DVD

Doppel-DVD

Hauptdarsteller Jürgen Höhne ist die deutsche Antwort auf John Wayne und Louis de Funès in einer Person.

Olaf Neumann ROLLING STONE

Tim Geyer: Sommer der Liebe. In: critic.de – die Filmseite, 3.3.2011.

Roland Grieshammer: Sommer der Liebe. In: Hanfjournal 130, 2011.

Heiko Hanel: Sommer der Liebe. In: Das Manifest, 19.12.2011.

Ders.: Sommer der Liebe. In: Splatting Image 85, 2011.

Lukas Jötten: Willy Brandts Nasenhaare. In: dvd-heimat – magazin für dvd reviews, 28.2.2010.

Alex Klotz: DVD: Sommer der Liebe. In: Hard Sensations. Hardboiled Movie Reviews & News, 13.3.2011.

Storch ist als Kind in ein Faß mit Acid versetzter Fanta gefallen und sitzt seitdem in seinem eigenen kunterbunten Universum fest.

Frank Schäfer ROLLING STONE

Ders.: Zwischen Wim Thoelke, Wirsing und Willy Brandt. In: Moviebeta 3, 2011.

Christian Meyer: Wenzel Storch. In: film-dienst 3, 2011.

Harald Mühlbeyer: Sex, Drugs 'n' totaler Quatsch. In: Filmgazette, 2011.

Martin Schmitt: Sommer der Liebe. In: Deadline 25, 2011.

Jörg Schöning: Monumentalmärchen. In: Szene Hamburg 3, 2009.

Interviews

Rasmus Engler: Überleben als Regisseur: Künstlersozialkasse und Katzenfutter. In: Spiegel Online, 1.6.2012.

Heiko Hanel: Heiko Hanel im Gespräch mit Wenzel Storch. In: Das Manifest, 18.11.2011.

Harald Mühlbeyer: Von Kotze und Leckebusch. Wenzel Storch über die deutschen Film-brüder und Jutta-Speidel-Abende, über Filmkunst und Naturgewalten. In: Harald Mühlbeyer/Bernd Zywietz (Hg): Ansichts-sache – Zum aktuellen deutschen Film. Marburg 2013.

Andreas Peter: »Rickeracke Hippiekacke«. Im Gespräch mit Wenzel Storch. In: Deadline 14, 2009.

Audiotape

In Vorbereitung
Der Glanz dieser Tage
Doppel-DVD. Mit Booklet und Poster. Cinema Surreal.
DVD 1: Der Glanz dieser Tage (86 Minuten). DVD 2: Im Reich der kurzen Lederhose (30 Minuten). Schöner wohnen (50 Minuten). Das Wursthaus im Spessart (90 Minuten).

7" Single

SOUNDTRACKS

Der Glanz dieser Tage
1990, Tulminov Kassetten.
A. Diet: Das Gehirn auf hoher See. Die Neu-trinos: Das Tor zur Freiheit. Diet: Jingle. Diet: Bandschleife. Wenzel Senior: Kufsteinlied. Diet: Klaviermusik. Wacek & Klacek: Popel-musik. Meßdiener: Das sind die Popel … Diet: Sprungbrettmusik. Diet: Der Pfarrer träumt von der Damenwelt. Diet: Spielende Waschbären. Diet: Radioweckermusik. Diet: Der Frosch träumt von der Damenwelt. B: Diet: Saxofonloop.

7" Single

Heinz Schütze: Toccata & Fuge. Schweine im Weltall: Du & ich. Die Fliegenden Unterhosen: Fünfzehn ist ein undankbares Alter. Hermann Naujoks und die Naujoks: Wer biß die nackte Ulla. Diet: Happy End. Highlights aus der Ge-räuscheküche. Die schönsten Versprecher u. ä.

Originalmusik aus dem Storchfilm Som-mer der Liebe
1994, Vinyl, Single. Videodrom/Major Label.
A: Diet Schütte: Sommer der Liebe. B: Iko Schütte: Oleander-Thema.
Rezensionen
(Anon.): »Hot Summer Sun 10«. In: StadtRe-vue 7, 1994.
Christian Storms: Zum frischgebackenen Kunst-stück »Sommer der Liebe« von Wenzel Storch erscheint jetzt das Titelstück auf Single. In: Spex 5, 1994.

Der Glanz der Liebe. Vier Stücke aus *Der Glanz dieser Tage* und *Sommer der Liebe*
2000, Vinyl, Single. Absurd 3000 Mono Brutalo 01.
A: Diet Schütte: Das Gehirn auf hoher See. Die Zeitmaschine. B: The Butterflies: Die Regelung. Römertopf.

In Vorbereitung
Diet & Iko Schütte, Die Fliegenden Unter-hosen, Schweine im Weltall u. a.: Sound-tracks.
Doppel-Vinyl und Doppel-CD. Staatsakt.

BIBLIOGRAPHIE

Der Bulldozer Gottes
2009, Ventil Verlag, Mainz.
Rezensionen
Carl Andersen: Der Bulldozer Gottes. In: Blin-king Kino 1, 2010.
(Anon.): Petzi und das gern bumsende Bums-Tier. In: Intro 177, 2009.
(Anon.): Es gibt Ficksahne, Baby! In: The Way-ward Cloud, 7.6.2009.
Daniela Berner: LSD und römisch-katholische Geschichten. In: unipress 360, 2009.
Christian Keßler: Der große Reporte-Report. 1. Teil: Was Cineasten nicht für möglich halten. In: Splatting Image 81, 2010.
Christian Maiwald: Der Bulldozer Gottes. In: satt.org, 14.7.2009.
Hans Mentz (d. i. Gerhard Henschel): Neues von Wenzel Storch. In: Titanic 10, 2009.
Christian Meyer: Wenzel Storch. In: film-dienst 3, 2011.
Jacques Palminger: Ja bitte! In: Der Tages-spiegel, 12.8.2012.
Frank Schäfer: Heimkehr in die Provinz. In: Rolling Stone 6, 2009.

Frank Apunkt Schneider: Cumshots in den Beichtstuhl. In: skug 79, 2009.

Jürgen Wittner: Der Bulldozer Gottes. In: uMag 8, 2009.

Claus Wittwer: Der Bulldozer Gottes. In: Ox 89, 2010.

Achim Zubke: Der Bulldozer Gottes. In: hanfblatt 121, 2009.

Jenni Zylka: Obskures aus seiner Sammlung. In: taz berlin, 20.8.2009.

Interviews

Martin Riemann: »Eucharistie ist Verkehr mit einer Leiche«. Wenzel Storch im Gespräch über militante Priester, Progrock und Karl May. In: Jungle World 39, 2009.

Eileen Reukauf/Jörn Seidel: »Daß ich Filme mache, ist Zufall«. Wenzel Storch über eine Zeitlupenfahrt durch die DDR, den katholischen Untergrund und seine Liebe zum Kunstmärchen. In: kreuzer 4, 2011.

Frank Schäfer: »Adorno wäre zu schwer«. Immer schön in die Knie gehen. Ein Gespräch mit Wenzel Storch. In: junge Welt, 8.7.2009.

Ders.: Schwellkörper, Muttis und das Beste von Karl May. In: Zeit Online, 20.5.2009.

Arno & Alice. Ein Bilderbuch für kleine und große Arno-Schmidt-Fans
2012, Konkret Literatur Verlag, Hamburg.

Rezensionen

(Anon.): Bilderbuch-Kunst. In: Szene Hamburg 3, 2013.

Marius Fränzel: Wie die Jungen den Schmidt gebildet. Zwei bebilderte Schmidt-Bücher. In: Bargfelder Bote 363, 2013.

Albrecht Götz von Olenhusen: »Mit drei hat Arno den kompletten Orientzyklus intus«. Arno Schmidt, Karl May und andere im Bilderbuch. In: KMG-Nachrichten 175, 2013.

Stephan Höppner: Den Unerforschlichen ruhig veralbern. Wenzel Storchs liebevolle Hommage an Arno und Alice Schmidt. In: Literaturkritik 3, 2013.

Christian Maiwald: Arno & Alice. In: testcard 23: Transzendenz. Beiträge zur Popgeschichte. Mainz 2013.

Wolfgang Müller: Up, up, up! Arno Schmidt, nicht zum letzten Mal. Und Wenzel Storch zum ersten. In: literatur. Beilage der Tageszeitung junge Welt, 14.3.2013.

Alfred Pranzl: Streifzug durch Arno Schmidts Leben. In: skug 93, 2013.

Michael Ringel: Wahre Bilder. In: die tageszeitung, 7.12.2012.

Horst Tomayer: Tomayers ehrliches Tagebuch. An Wenzel Storch, care of KONKI. In: konkret 8, 2012.

Christian Ypsilon Schmidt: Halluzinationen und Oralverkehr. In: Jungle World 11, 2013.

Jörg Schröder/Barbara Kalender: Kafka-Tapete. In: Schröder & Kalender. Tazblog, 15.3.2013.

Interviews

Gerhard Henschel/Wenzel Storch: »Ein gewisser Nervfaktor ist unbestreitbar«. Im Gespräch über ihre Arno-Schmidt-Lektüreerfahrungen spielen die Autoren Gerhard Henschel und Wenzel Storch guter Bulle, böser Bulle. In: konkret 11, 2012.

Das ist die Liebe der Prälaten
2013, Ventil Verlag, Mainz 2013.

Rezensionen

Harald Mühlbeyer: Wenzel Storch: »Das ist die Liebe der Prälaten«. Screenshot – Texte zum Film, 14.5.2013.

Jörn Seidel: Wenzel Storch verulkt Arno Schmidt und pädophile Priester. In: Weser-Kurier, 14.4.2013.

Aleksandar Zivanovic: Gut gelaunte Beats und eine böse Kindheit. In: Berliner Zeitung, 27.5.2013

Dietrich zur Nedden: Das ist die Liebe der Prälaten. In: Schädelspalter 3, 2013.

Interviews

Radek Krolczyk: »Der Papst schmeißt hin und alle finden's toll«. In: Jungle World 10, 2013.

BEITRÄGE IN BÜCHERN

Kinntopp im Spätkapitalismus. In: Nils Folckers/Wilhelm Solms (Hg.): Risiken und Nebenwirkungen. Komik in Deutschland. Berlin 1996.

Pater Solan und seine ausgeflippten Meßdiener. In: Frank Schäfer (Hg.): The Boys Are Back in Town. Mein erstes Rockkonzert – ein Lesebuch. Berlin 2000.

Die Geschichte mit meiner Brille. In: Katja Lah, Jonas Möhring, Jens Wirsching (Hg.): Der Weihwassertrinker und andere Hildesheim-Geschichten. Hildesheim 2001.

Der Matten-Gott. In: Thomas Kraft (Hg.): Rock Stories. München 2009.

Zur Einführung. In: Andrea Pritschow: Cockpit. Arbeiten von 2007 bis 2010. Lohmar 2010.

Scharfes in H-Dur. In: Erik Waechtler/Simon Bunke (Hg.): LYRIX – Lies mein Lied. 33 1/3 Wahrheiten über deutschsprachige Songtexte. Freiburg 2011.

Einladung zum Fensterln. Von Richter bis Rauch: Über die neue Lust am Kirchenfenster. In: Annette Emde/Radek Krolczyk (Hg.): Ästhetik ohne Widerstand. Texte zu reaktionären Tendenzen in der Kunst. Mainz 2013.

Die Mutter überrascht den Fünfjährigen mit einer Kafka-Kinderzimmertapete. Titelillustration. In: Jörg Schröder/Barbara Kalender: Schröder erzählt: Wer ist Reginald Teufel? Berlin 2013.

Arno Schmidts Kulturbeutel. In: Susanne Fischer (Hg.): Arno Schmidt zum Vergnügen. Ditzingen 2013.

Buch

Buch

Buch

Deckelillustration

Der Glanz dieser Tage

12. Januar bis 20. April 2003. Sprengel Museum, Hannover.

Rezensionen

(Anon.): Kennen Sie Kunst? In: Hannoversche Allgemeine Zeitung, 15.2.2003.

Katja Eggers: Popelpriester und Schlüpfer-stürmer. In: Schädelspalter 1, 2003.

Alexandra Glanz: Heilige Vielfalt. Der Filmema-cher Wenzel Storch im Sprengel Museum. In: Hannoversche Allgemeine Zeitung, 15.1.2003.

Für sich genommen sind all diese Bauten und Maschinenkonstruktionen bereits museumsreif, können mit vergleichbaren Werken der zeitge-nössischen Kunst mithalten, seien es die Flug-objekte von Panamarenko, die Filmkulissen von Matthew Barney oder die geheimnisvollen Environments von Paul Thek.

Martin Büsser TESTCARD

Die Reise ins Glück. Ausstellung zum Film mit Originalrequisiten und Fotos von Sibylle Bergemann

1. bis 8. Februar 2005. Filmkunsthaus Baby-lon, Berlin.

Rezensionen

(Anon.): Wenzels Werke. In: die tageszeitung, 27.1.2005.

(DX): Der Storch nimmt das Winterquartier in Babylon. In: die tageszeitung, 31.1.2005.

Jan Gympel: Groteske. In: zitty 2, 2005.

Silvia Hallensleben: Tango für immer. In: Der Tagesspiegel, 3.2.2005.

Ralf Schenk: Popel für den Vatikan. In: Ber-liner Zeitung, 3.2.2005.

Wenzel Storchs Filme sind die opulenteste Arte Povera, die man sich vorstellen kann.

Ekkehard Knörer DIE TAGESZEITUNG

Wenzel Storchs Mönchskäsesammlung

18. März 2005. Galerie one-hour.de, Berlin.

Rezensionen

(NIS): Die bunte Welt des Wenzel Storch. In: taz berlin, 17.3.2005.

Lektionen in Kultur XIII. Fotomontagen, Kugelschreiberzeichnungen und Filzstift-gemälde

4. September bis 9. Oktober 2010. Café Clara, München.

Wenzel Storch Festspiele

8. bis 13. April 2011. Luru-Kino in der Spinnerei, Leipzig.

Rezensionen

(dir): Genie oder Wahnsinn. In: Leipzig:Live, 6.4.2011.

Ausstellungsplakat

(mwö): Festspiele für Wenzel Storch. In: Leipziger Volkszeitung, 8.4.2011.

Arno & Alice

1. bis 3. März 2013. Kraniche, Hamburg.

Rezensionen

(Anon.): Das kunterbunte Universum des Wenzel Storch. In: Hamburger Morgenpost, 28.2.2013.

Robert Matthies: Arno, Alice, Anstand. In: taz nord, 28.2.2013.

Die wunderbunte Welt des Wenzel Storch

7. bis 14. April 2013. iRRland, München.

Interviews

department of volxvergnuegen/Paula Pongratz: Gespräch mit Wenzel Storch. In: Schrottland 1, 2013.

LESUNGEN UND RETROSPEKTIVEN

Rezensionen

Anne-Kathrin Auel: Freak ohne Jesus. In: Hessische/Niedersächsische Allgemeine, 10.10.2009.

Stefan Behr: Gott und Storch. In: Frankfurter Rundschau, 16.10.2009.

Stefan Benz: Gammelfleisch vor der Kamera. In: Darmstädter Echo, 27.1.2011.

Sandra Buchwald: Provokation bis an die Schmerzgrenze. In: Nordbayerischer Kurier, 8.12.2010.

(jmj): »Ein seltsames Biotop« – Autor Wenzel Storch plaudert über seine Jugendjahre im Capitol. In: Allgemeine Zeitung Mainz, 22.6.2009.

Robert Matthies: Eigenweltlichster Ästhet. In: taz nord, 28.5.2009.

Tim Meyer: Blick in die Kulissen der Realität. In: Hildesheimer Allgemeine Zeitung, 29.6.2009.

(mn): Dieser Storch ist nichts für Kinder. In: Nürnberger Zeitung, 14.5.2013.

Olaf Möller: Wenzel Storch erklärt die Welt. In: StadtRevue 10, 2009.

(R.K.): Wenzel Storch in Leipzig. In: Filmecho/Filmwoche 18, 2005.

Jörg Schöning: Wenzel-Storch-Retrospektive. In: Szene Hamburg 1, 2011.

(skb): Wenzel Storch hat was geschafft, was vor ihm eigentlich nur James Dean geschafft hat: mit nur drei Filmen zur Legende zu werden. In: Frankfurter Rundschau, 7.4.2012.

Thomas Susemiehl: Kreuze aus Mäusespeck. In: Nürnberger Nachrichten, 18.5.2013.

Anne-Katrin Weber: Mein liebes Tagebuch … In: kreuzer 4, 2009.

Interviews

Christina Knorz: Ein Meßdiener auf Abwegen. In: Nordbayerischer Kurier, 4.12.2010.

Im Reich der kurzen Lederhose

0, 1, 5–9, 13, 17–22, 24, 25, 29–33, 35, 39–41, 46, 48, 51, 53–55, 58, 60 Archiv Storch | 2, 3, 34 *Leuchtfeuer Ministrant* | 4 *Das Zeichen* | 10–12, 16 Lahn-Verlag | 14 *Die Pallottiner in Kamerun*, Lahn-Verlag | 15 Augustinus-Verlag | 23 Verlag Hermann Rauch | 25 Styria Verlag | 27, 28, 63 Bernd Röthig | 36–38, 43 Wenzel Storch | 47 Steyler Verlag | 56, 59 *Hör zu* | 61, 62 Archiv Klaus Hammerlindl | **Die Dampfwalze Gottes** 1 Wenzel Storch | 4, 10 Archiv Storch | 5, 6 *Petzi als König*, Carlsen Verlag | 7–9 *Leuchtfeuer Ministrant*.

Die Fahrt ins Delirium

0, 40, 41, 46, 55, 63, 64, 67, 72–74, 76, 77 Diet Schütte | 1–4, 57–60, 70 Archiv Storch | 5–11, 28–37, 42, 49, 56, 66, 68, 75 Ulrich Bogislav | 12, 13, 16, 18–21, 24–27 Archiv Pissende Kuh Kassetten | 14, 15, 17, 22, 50, 51, 62, 69 Bernd Röthig | 23, 38, 39, 43–45, 47, 48 Iko Schütte | 52 Verlag Herold | 53, 54, 61, 65, 71 Wenzel Storch | **Die Kackwurst in der Puppenstube** 1–4 Wenzel Storch.

Der Glanz dieser Tage

00, 0, 67–69, 71–72, 128 Bernd Röthig | 1, 3–7, 9–19, 46–52, 56, 57, 64, 65, 73–75, 78–81, 84–86, 89, 92–94, 98, 99, 105, 115–127, 129–132, 138, 139, 141–143, 148, 150 Wenzel Storch | 2, 53–55, 87, 88, 90–91, 101, 114, 133–137, 140 Archiv Storch | 8 Judith Stern | 20, 61–63, 66, 76, 77, 82, 83, 95–97, 100, 144, 149 Diet Schütte | 21–45 Matthias Hänisch | 58–60 Wolfgang Weber | 70 Ulrich Bogislav | 103, 104 Verlag Heinrich Scheffler | 106–112 Arena Verlag | 113 www.rotten.com | 146 Iko Schütte.

Sommer der Liebe

00, 1–8, 13–17, 25, 26, 30, 36–39, 46–49, 54–57, 66–67, 76–78, 80, 84–86, 89–92, 99, 106–112, 115, 116 Wenzel Storch | 0, 40–44, 51–53, 58–65, 70–72, 81–83, 95, 96, 98, 100, 101 Bernd Röthig | 9–12, 27, 28, 32–35, 45, 50, 74, 75, 103–105, 114 Archiv Storch | 19–24 Rainer Herkenrath | 29, 31, 87, 107 Alexandra Schwarzt | 68, 69 Rüdiger Geisler | 79 Diet Schütte | 88 Matthias Hänisch | 93 Frauke Wilhelm | 113 Karl-May-Verlag | **Mein Lieblingsschauspieler** 1–3 Bernd Röthig.

Die Reise ins Glück

00, 1, 6–9, 11–19, 22, 23, 26, 28–32, 34–36, 38–46, 50–59, 61, 63, 65–75, 77, 78, 82–94, 98, 99, 101, 103–109, 111, 112, 118, 121, 123, 125–131, 133, 134, 138–142, 147–152, 154–156, 158, 159, 163–165, 167–170, 172, 177, 180, 181, 183, 186–198, 200–203, 207, 208, 213, 215 Wenzel Storch | 0 Thomas Kunofski |

2, 10, 171, 174, 209 Bernd Röthig | 3–5, 37, 47, 64, 113–115, 119, 120, 157, 161, 162, 206 Stefanie Bormann | 20, 48, 76, 100, 160, 166, 210 Ingo Rabe/Christine Schulz | 21, 25, 33, 49, 79–81, 95–97, 116, 117, 124, 135, 136, 179 Matthias Hänisch | 24, 60, 110 Martin Mühlhoff | 27 Wolfgang Weber | 62, 102, 132, 143–146, 153, 211, 212 Majken Rehder | 122 Jörg Buttgereit | 137 Felix Almstadt | 173 Jens Pruditsch-Trümmer | 175, 176 Heiko Voigts | 178 Ralph Meyer | 182 Ralf Sziele | 184, 185 Rainer Herkenrath | 205 Rick Trembles | 216–218 Anke Tartsch | **»Wenn du zwei Filme mit dem Storch gemacht hast, kriegst du ein dickes Fell«** | 1–3, 6 Stefanie Bormann | 4,5 Wenzel Storch | 7 Bernd Röthig | **In König Knuffis kaltem Reich** 1–11 Wenzel Storch.

Tiere, Blumen, Priester, Muttis, Möbel

0, 33, 34 Archiv Storch | 1 Thomas Kunofski | 2 Matthias Hänisch/Bela B. Four Music & Sony Music | 3–10 Wenzel Storch/Bela B. Four Music & Sony Music | 11–22, 24–30, 39, 50, 58 Wenzel Storch | 23 dept. of volxvergnuegen/ Wenzel Storch | 31, 31 Niki Bong/Wenzel Storch | 35 Paulus Verlag | 40–49 Sammlung Klaus Hammerlindl | 59 Konkret Literatur Verlag.

Anhang

1, 2 Wenzel Storch | 3–6, 11–13 Bernd Röthig | 7 Thomas Kunofski | 9, 10 Cinema Surreal | 14–15 Wenzel Storch | 16 Niki Bong/Wenzel Storch | 17 MÄRZ Desktop Verlag | 18 dept. of volxvergnuegen.

Bücher und CDs
von

Frank Behnke/Klaus Beyer
Guðbergur Bergsson
Tabea Blumenschein
Marc Brandenburg
Andreas Brandolini
Jörg Buttgereit
Frieder Butzmann
Annemarie Burckhardt
Lucius Burckhardt
Françoise Cactus
Die Tödliche Doris
Heinz Emigholz
Valeska Gert
Brezel Göring
Christian Keßler
D. Holland-Moritz
Derek Jarman
Rosa von Praunheim
Elfi Mikesch
Wolfgang Müller
Claudia Reichardt/Wanda
Anja Teske
Jamal Tuschick
Christof Wackernagel
u.v.a.

im
www.martin-schmitz-verlag.de